KNAUR
MENSSANA

Christina Rasmussen

Lebe – lache – liebe

Neustart ins Leben nach einem schmerzlichen Verlust

Aus dem Englischen
von Judith Elze

KNAUR
MENSSANA

Die amerikanische Originalausgabe erschien 2013 unter dem Titel
»SECOND FIRSTS: Live, Laugh, and Love Again«
bei Hay House, Inc., New York.

Besuchen Sie uns im Internet:
www.mens-sana.de

FSC
www.fsc.org
MIX
Papier aus verantwortungsvollen Quellen
FSC® C083411

Translated from the English: SECOND FIRSTS:
Live, Laugh, and Love Again
First published in the United States by Hay House, Inc.
Für die deutschsprachige Ausgabe:

Redaktion: Jutta Ressel
Umschlaggestaltung: ZERO Werbeagentur, München
Satz: Adobe InDesign im Verlag
Druck und Bindung: CPI books GmbH, Leck
ISBN 978-3-426-65743-0

2 4 5 3 1

Für alle noch nicht geborenen Lebensstarter –
dieses Buch habe ich für Sie geschrieben.

Inhalt

Botschaft an den Leser

Ich habe im Schatten eines Verlustes gelebt, der einen für immer lähmen kann.

Ich habe getrauert wie ein echter Profi – immerzu und mit aller Kraft, bis ich keine mehr übrig hatte.

Ich bin gestorben, ohne meinen Körper zu verlassen.

Aber ich bin zurückgekehrt. Und jetzt sind Sie dran!

Ich bin stark, energiegeladen und *lebendig*, weil ich mich dafür *entschieden* habe, zu tanzen, zu lachen, zu lieben und wieder zu leben.

Ich habe gelernt, dass wir unser früheres Leben nicht zurückbekommen können – wir müssen uns das Leben komplett neu erfinden.

Und dieses Neu-Erfinden ist nicht etwa eine Strafe, sondern ein Geschenk.

Ich glaube, dass Ihr künftiges Selbst ein Kunstwerk ist und dass die Wissenschaft Ihnen bei seiner Erschaffung behilflich sein kann.

Falls Sie sich verloren haben … falls Sie gar nicht mehr hier sind … falls Sie die Worte, die auf dieser Seite stehen, kaum aufnehmen können … möchte ich Sie bitten, Folgendes nicht zu vergessen: Sobald es für Sie an der Zeit ist loszugehen, werden Sie nicht etwa denken, Sie hätten gern noch länger getrauert; Sie werden denken, Sie hätten gern länger gelebt.

Deshalb bin ich hier. Und deshalb sind Sie hier.

Lassen Sie uns leben, als würde unser Leben davon abhängen.

Vorwort

> Ich weiß, dass du Angst hast; du hast Angst davor, noch einmal verletzt zu werden.
> Ich weiß aber auch, dass du nicht dazu bestimmt bist, für immer und ewig zu trauern.

Verlust ist vernichtend.

Er tut weh, macht uns traurig und wirft uns vor allem aus der Bahn.

Er versetzt uns in Angst und zerstört unser Vertrauen in unsere Fähigkeiten.

Er bringt uns dazu, die Wirklichkeit in Frage zu stellen. Er ist so verdammt ungerecht.

Er ist so ziemlich das Schlimmste, womit wir je konfrontiert werden – und wir haben noch nicht einmal eine Wahl.

Denn Verlust gehört zum Menschsein dazu.

Wenn Sie einen Verlust erlitten haben und ihn betrauern, wenn Sie das Gefühl haben, in der Vergangenheit festzustecken, wenn Sie gerade Ihr zerbrochenes Leben wieder zusammenzukitten versuchen – dann ist dieses Buch genau das Richtige für Sie.

Sie sind mehr als Ihr Verlust; Sie sind ein Mensch, der nur darauf wartet, wieder zu leben. Wenn ich jetzt vor Ihnen stünde, dann würde ich das Licht in Ihren Augen sehen, noch bevor Sie selbst es wahrnehmen.

Dieses Buch habe ich geschrieben, um Ihnen zu helfen, dieses Licht wiederzufinden und zu erkennen, dass Sie den Mut haben, Ihre Angst zu überwinden. Und die Klarheit, den Nebel zu durchdringen, der Sie umgibt.

Ich wünschte, ich könnte jetzt bei Ihnen sein und Sie trösten. Ich würde Ihnen ins Ohr flüstern, dass Sie keine Angst vor der Zukunft zu haben brauchen. Ich würde Sie an der Hand nehmen und mit Ihnen an einen sicheren Ort gehen, wo wir uns unterhalten können. Ich würde Ihnen zuhören und Ihren Schmerz ernst nehmen. Und wenn ich dann das Gefühl hätte, dass Sie bereit wären, mir zuzuhören, dann würde ich Ihnen gern ein paar erstaunliche Informationen geben, die Ihnen, wie ich glaube, weiterhelfen werden.

Meine Aufgabe ist es, Ihnen und all denen, die sich in einer ähnlichen Lage befinden, zu helfen, eine Brücke zu bauen, die die Vergangenheit mit der Zukunft verbindet, und zwar genau von dem Punkt aus, an dem Sie sich gerade befinden. Denn vor Ihrem Verlust besaßen Sie eine klare Identität. Sie wussten, wer Sie waren. Sie hatten einen festen Platz im Leben. Diese Gewissheiten gingen Ihnen jedoch im Augenblick Ihres Verlustes verloren, und somit führte der Verlust bei Ihnen nicht nur zu Schmerz und Trauer, sondern auch zu Verwirrung und Angst. Ihr Verstand verlor die Fähigkeit, zu planen und logisch zu denken.

Auf so etwas ist man nie vorbereitet.

Jetzt stehen Sie an der Schwelle zu etwas Neuem, Sie sind im Begriff, Ihr neues – zweites – Ich zu entdecken und herauszufinden, wie sich Ihr Leben von nun an gestalten soll. Es ist eine Zeit großer Ungewissheiten. Ein Teil von Ihnen möchte zum alten Leben zurückkehren, wenngleich das nicht möglich ist. Ein anderer Teil von Ihnen möchte hingegen vorwärtsgehen, weiß aber noch nicht so recht, wie.

Ich will Ihnen ein Geheimnis anvertrauen: Ihr Gehirn

ist so anpassungsfähig und mächtig, dass es Sie – je nachdem, wie Sie in dieser schmerzlichen Zeit Ihre Gedanken ausrichten – in eine außergewöhnliche, strahlende Zukunft führen kann. Trotz aller Verwirrung und Angst gibt es einen Weg aus diesem zwischenzeitlichen Dunkel heraus, hin zu einer tragfähigen Brücke. Sie selbst können einen Beitrag leisten, dass diese Brücke in die Zukunft entsteht – sie wird Sie tragen, wohin auch immer Sie wünschen.

Dieses Buch möchte Ihnen nur den Anstoß geben, sich mit Hilfe von Werkzeugen, die Sie bereits besessen, durch Ihre Trauer jedoch verloren haben, auf eine Reise zu begeben. Meine Rolle besteht darin, Ihnen zu bestimmten Schritten zu verhelfen, die Sie schließlich in eine ganz neue, ideale, vor allem aber selbstgewählte Lebensform führen werden. Während dieses Prozesses bin ich Ihre Begleiterin. Ich werde Sie unterwegs motivieren und inspirieren, aktiv zu werden. Ich werde Sie dabei unterstützen, Ihr wahres Selbst kennenzulernen, damit Sie sich Ihr neues Leben vorstellen können. Dann werden Sie wissen, dass dieses neue Leben – das dem alten äußerlich ähneln oder auch komplett anders sein kann – genau das richtige für Sie ist. Dabei können Sie die Gelegenheit beim Schopf packen, Teile von sich selbst neu zu entdecken, die durch den Verlust verschüttet wurden. Auch können Sie Verhaltensweisen oder Einstellungen aufgeben, die Ihnen nicht mehr entsprechen. Sie können neue Hobbys pflegen. Sie können neue Freundschaften schließen. Neue Gegenden bereisen. Den Job wechseln. Umziehen. Sich neu verlieben. Es liegt an Ihnen. Sie haben die Wahl, sich ein neues Ich zu erschaffen, mit dem Sie das Leben völlig neu erleben – und das zum zweiten Mal. Verlust tut zwar weh, doch die Kontrolle, wer Sie sein wollen und was als Nächstes geschehen soll, liegt allein bei Ihnen.

Eines weiß ich ganz sicher: Wenn Sie sich ein neues Leben gestalten wollen, werden Sie lernen müssen, anders zu denken und neue Alltagsgewohnheiten zu entwickeln. Und vor allem werden Sie – wie verheerend Ihre Verlusterfahrung auch gewesen sein mag – lernen müssen, sich jeden Tag aufs Neue auf das Leben einzulassen. Ihr Denken, Ihr Tun und die Art und Weise, wie Sie am Leben teilhaben, werden Ihr Gehirn und Ihre Identität – wie subtil auch immer – verändern.

Die Welt der ersten Schritte nach einem Verlust

Ich betrat die Welt der ersten Schritte nach einem Verlust im September 1998, als ich an der Universität Durham in England meine Masterarbeit über die Stadien der Trauer ablieferte. In den realen emotionalen Abgrund, aus dem heraus ich mir selbst einen Neuanfang erschaffen musste, wurde ich jedoch erst im Sommer 2006 gestoßen, als mein fünfunddreißig Jahre alter Ehemann unsere Welt verließ. Er starb nach einem drei Jahre währenden, vernichtenden, emotional aufzehrenden Kampf gegen Dickdarmkrebs und ließ mich als trauernde, alleinerziehende Mutter zweier noch kleiner Töchter zurück. Nichts von dem traf zu, was man mir über schwere Verlusterfahrungen beigebracht oder was ich darüber zu wissen geglaubt hatte.

Ich war trostlos, fühlte mich verloren und hatte schreckliche Angst vor der Zukunft.

Dies ist das Buch, das ich nach dem Verlust meines Mannes hätte gebrauchen können. Es basiert auf meinem Verständnis von der Biologie des Gehirns und ist ein Plädoyer für ein bewusstes Durchlaufen eines in fünf Stufen gegliederten Entdeckungsprozesses für Selbstlerner, den ich als *Neustarter-Übungsprogramm* bezeichne. Diese Methode entstand aus meiner Forschungstätigkeit sowie aus meiner eigenen Erfahrung und den Erfahrungen Tausender Menschen, die ich in ihrem Trauerprozess begleitet habe. Dabei nutze ich das Wissen über die Fähigkeit des Gehirns, sich neu zu vernetzen. Dank dieser Eigenschaft des Gehirns können Sie die Angst und die Traurigkeit überwinden, die momentan Ihr Leben beherrschen. Jede Stufe des Programms führt Sie ein Stück weiter aus dem Abgrund heraus und in ein neues Leben hinein. Auch wenn die Methode hier Schritt für Schritt vorgestellt wird, ist ein solcher Neustart natürlich nie ein linearer Prozess. Während Sie die folgenden Kapitel durcharbeiten, werden Sie sicher ab und an zurückblättern, um das eine oder andere vielleicht mehrmals zu lesen. Die Übungen sollten regelmäßig praktiziert werden, und ich werde Ihnen auch immer wieder Hinweise geben, wie sich das am besten bewerkstelligen lässt. Nutzen Sie das Material in Ihrem eigenen Tempo, aber bleiben Sie bitte dran, denn so kann sich das Gehirn am besten entsprechend formen. Wie Samen für die Zukunft gesetzt werden, so führt uns das Neustarter-Übungsprogramm langsam in die bunte Wirklichkeit eines neuen Lebens hinein, das mindestens ebenso lohnenswert und erfüllend ist wie Ihr altes, nun abgeschlossenes Leben. Bereiten Sie sich also auf Ihre ersten Schritte nach Ihrem schmerzlichen Verlust vor.

Auf das erste Date danach.

Auf den ersten Urlaub danach.

Auf das erste Vorstellungsgespräch danach.

Jeder Neustart kann schwer sein – er kann aber auch aufregend sein, wenn wir ihn dafür nutzen, neue oder vergessene Anteile unserer Identität zu entdecken. Schneller, als Sie denken, werden Sie mit diesem Buch lernen, sich

Ihr Leben so zu gestalten, wie Sie es gern leben möchten. Das ist zwar nicht einfach, dennoch können wir mit dem Neustart so umgehen, dass Veränderung möglich wird.

Ich selbst habe diesen Prozess genutzt, um mein Leben zu verändern. Er hat es mir ermöglicht, wieder richtig glücklich zu werden – mit einem neuen Ehemann, einem neuen Beruf und zwei weiteren wunderbaren Töchtern. Auch meinen Privatklienten und den Teilnehmern an meinem Online-Übungsprogramm hat der Prozess erlaubt, sich ihr Leben zurückzuerobern. Und Sie haben es ebenfalls verdient, glücklich zu sein – ohne sich vorwerfen zu müssen, etwas unversucht gelassen zu haben. Verlust ist kein Vorgang von Dauer, sondern ein einmaliges Ereignis. Sie selbst entscheiden, wann Sie den Schritt zurück ins Leben tun wollen.

Beginnen Sie genau dort, wo Sie gerade sind

Wenn Sie gerade intensiv trauern, werde ich Sie mit Sicherheit nicht bitten, irgendetwas Kompliziertes zu tun oder Ihren Schmerz in einem Tempo zu verarbeiten, das Ihnen unangenehm sein könnte. Ich möchte Sie nur einladen, jeden Tag einmal aus Ihrem Schmerz emporzutauchen und den Willen aufzubringen, sich Ihr Leben anzuschauen und es zu leben, damit Sie geltend machen können, was Ihnen zusteht. Achten Sie darauf, dass Sie sich – falls sich Ihr Verlust gerade erst ereignet hat – während der Lektüre dieser Seiten so gut wie möglich um sich selbst kümmern. Selbstfürsorge und Selbstliebe sind gerade jetzt wichtig zur Heilung. Ich möchte Ihnen jedenfalls ans Herz legen, dieses Buch zu lesen, denn es wird Ihnen zumindest einen kleinen Hoffnungsschimmer geben. Selbst wenn Sie für das Übungsprogramm noch nicht bereit sein sollten, wird ein erster Samen gesetzt, der Sie dann befähigt, Ihr Leben wieder in Gang zu bringen, sobald die Zeit gekommen ist. Dieses Buch wird Sie begleiten und Ihnen den Weg aufzeigen.

Jeder Mensch mit einer schmerzlichen Verlusterfahrung ist in der Lage, seine innere Einstellung so zu verändern, dass ein neues Leben möglich wird. Ich möchte Sie bitten, offen zu sein für die Chancen, die Ihnen dieses Buch bietet, und sich mit Herz und Verstand darauf einzulassen – und nicht zuletzt auch ein wenig Vorstellungskraft aufzubringen. Denn hier wohnt die Hoffnung. Sie wohnt an der Schnittstelle zwischen Wirklichkeit und Traumwelt, wo alles möglich ist.

Es ist an Ihnen, eine neue Welt zu entdecken und für sich aufzubauen. Es ist nie zu spät ... oder zu früh ... Und Sie sind auch nie zu alt dafür.

Zu einem späteren Zeitpunkt werde ich Sie bitten, alle Überzeugungen loszulassen, die Sie über die Trauer oder ein Leben nach einem Verlust haben mögen. Sie können auch leben, während Sie trauern, und Sie können sich trotz Ihrer Angst weiterentwickeln und verändern, obwohl Sie sich wünschen, derselbe Mensch zu bleiben. Zugleich werde ich Sie bitten, nachsichtig und freundlich zu sich selbst zu sein, anzuerkennen, wo Sie gerade stehen, und sich bewusst Zeit dafür zu nehmen, Ihre Einstellung zu Trauer und Leben zu reflektieren. In dem Moment, in dem Sie feststellen, dass Trauer die Koexistenz zweier Welten bedeuten kann – nämlich der alten und der neuen Welt –, werden Sie das Leben erkennen, das unmittelbar vor Ihnen liegt.

Manch einer mag einwenden, dass unsere Gesellschaft der Trauer nach einem Verlust nicht genügend Zeit einräumt. Dagegen würde ich einwenden, dass es zwar wichtig ist, sich Zeit für die Trauer zu nehmen, es aber ebenso wichtig ist zu wissen, wann der Zeitpunkt gekommen ist, zu handeln und den Fokus von dem Leben, das wir einmal hatten, auf das Leben zu lenken, das wir künftig führen wollen. Die meisten Bücher und wissenschaftlichen Beiträge, die ich zu diesem Thema gelesen habe, betonen, dass die Trauerphasen eine Reise darstellen. Diese Reise endet jedoch nicht mit der Trauer.

Bei einem Neuanfang geht es nicht nur um das Leben, das Sie hinter sich gelassen haben. Es geht um das Leben, das vor Ihnen liegt.

Meine Aufgabe auf den nachfolgenden Seiten ist es, Ihnen eine Struktur für einen Neuanfang zu geben. Thema dieses Buches ist der Neubeginn nach Katastrophen, die innige Bindungen beendet haben und die Aufnahme neuer Beziehungen behindern.

Bitte erlauben Sie mir, Sie an der Hand zu nehmen und Sie bei Ihren ersten Schritten nach Ihrem schmerzlichen Verlust anzuleiten. Es ist mir eine Freude, daran teilzuhaben, wie Sie noch einmal neu lernen zu leben, zu lachen und zu lieben.

Kapitel 1

Meine ersten Schritte nach dem Verlust

Ich musste die Schönheit meiner Zukunft erst sehen, um sie gestalten zu können.
Ich schenkte meinen Träumen Sendezeit, und sie sprachen zu mir.
Ich erkannte die Stimme der Trauer und stellte sie leise.
War das leicht? Nein.
Hatte ich Angst? Ja.
Bremste mich die Angst aus? Nein, zum Teufel.
Und das wird sie auch nie tun.
Mein Leben ist mehr wert als das.
Deines ist es auch.

Ich glaube, ich weiß genau, wann ich gestorben bin.

Während seines Sterbens habe auch ich mein Leben verloren.

Es war wenige Stunden vor seinem letzten Atemzug. Ich lag neben ihm auf dem Bett und lauschte seinem Herzen. Wartete auf das Unvermeidliche. Als sein Herzschlag langsamer wurde, begann meines schneller zu schlagen. *Wir waren beide irgendwo zwischen den Welten.*

Aus diesem Zustand kann man nie einfach so zurückkehren, und zugleich hat man noch nicht die Freiheit weiterzugehen.

Mein Mann starb am 21. Juli 2006 um zwei Uhr morgens.

Ich starb mit ihm, um zwei Uhr eins.

Sein Körper war leblos.

Mein Körper war fühllos.

Der Verlust war wie ein Tsunami, der mich von innen traf – meinen Verstand, mein Herz, meine Arme, meine Beine – und mein tiefstes Wissen darüber fortspülte, wie sich das Leben anfühlen soll.

Mit Worten lässt sich nicht beschreiben, wie es ist, jemanden zu verlieren, den du mehr liebst als das Leben selbst. Bevor du es nicht selbst erlebt hast, kannst du nicht wissen, wie sich das anfühlt.

Der Mann, den ich acht Jahre zuvor geheiratet hatte, war dabei, diese Welt zu verlassen. Nachdem er dreieinhalb Jahre lang gegen Dickdarmkrebs gekämpft hatte, lag er nun auf der Intensivstation im Sterben. Mir war, als hätte ich eine außerkörperliche Erfahrung oder würde in Zeitlupe einen Film anschauen. Ich wünschte, ich wüsste, wie es für ihn war. Ich wollte ihm folgen und mit ihm sprechen. Ich wollte ihn fragen, wie es dort war, wo er gerade hinging.

Ich wollte mit ihm gehen.

Aber ich wusste, dass ich das nicht konnte. Unser Weg teilte sich. Es war Zeit, Lebewohl zu sagen. Für immer.

Den Augenblick, in dem mir klarwurde, dass mein Leben im Begriff war, sich zu verändern, werde ich nie vergessen. Damals erkannte ich, dass der Tod, den ich in mir spürte, etwas war, worauf ich nie vorbereitet gewesen war, und dass ich diesen schrecklichen Schmerz womöglich nicht überleben würde.

Ich war vierunddreißig Jahre alt und begriff zum ersten Mal in meinem Leben, dass ich in Wahrheit *rein gar nichts* von dieser Art von Schmerz gewusst hatte.

Ich vermisste meinen Mann schon in den ersten wenigen Sekunden, die ich ohne ihn war.

Ich erinnere mich, wie ich mich in dem Zimmer umsah.

Die Dunkelheit, die Stille des Moments wahrnahm.

Alle hatten den Raum verlassen, damit wir ungestört Abschied nehmen konnten. Die Zeit blieb stehen. Ich schaute ihn an.

Dann nahm ich den ersten Atemzug in diesem neuen Leben.

Ich stand vom Bett auf und rang nach Luft. Mein Körper fühlte sich fremd an. Er war schwer und müde und reagierte, als wolle er nicht dorthin, wohin ich wollte. Ich nahm ihn trotzdem mit. Das war nun also der Anfang eines neuen Lebens, und ich begegnete ihm an meinem absoluten Tiefpunkt.

Emotional gepeinigt, völlig verstört durch die Trauer, untröstlich und vor allem verliebt in meinen toten Mann, hatte ich mein neues Leben begonnen.

Es war geschehen.

Er war tot.

Für immer.

Die Stille, die ich an diesem frühen Morgen erfuhr, zeigte sich auch körperlich. Die Stille der Trauer greift deinen Körper an. Sie hinterlässt ihre Spuren. Sie ist schwer, das Leben verlangsamt sich, bis alles stehen bleibt. Jedes Mal, wenn du dich bewegst, und jedes Mal, wenn du sprichst, wird die Stille lauter.

Ich hatte nicht gewusst, wie laut die Stille ist, wenn man trauert.

Sie schrie mich an.

Sie sprach zu mir, ohne dass ich sie hätte hören können. Ich fühlte mich verrückt. Ich fühlte mich nicht gerüstet, das neue Leben anzugehen, das auf mich wartete.

Was ich direkt nach dem Tod meines Mannes empfand, war Unglaube. Ich konnte nicht glauben, dass ich ihn nie mehr wiedersehen würde. Ich bezweifelte sogar, dass er tot war. Obwohl ich die Trauerphasen studiert hatte, schien ich nie begriffen zu haben, was Trauer dieses Ausmaßes und die Endgültigkeit des Todes bedeuten. Verstandesmäßig bezweifelte ich den Tod. Ich begriff nicht, wie es sein konnte, dass mein Mann nie wieder zurückkehren würde. Ich war ein Mensch, dem Unmenschliches widerfuhr.

Trauer.

Ich erinnere mich, wie das Wasser in der Dusche lief. Es war so laut. Sogar das Wasser tat weh.

Der Schmerz, den ich erfuhr … Wie sollte mein Körper diese Erfahrung aushalten können.

Keiner konnte mir helfen.

Keiner konnte mir helfen …

Keiner hatte mich gewarnt, dass ich nicht zu dem Leben würde zurückkehren können, das ich hinter mir gelassen hatte. Nicht nur, dass er fort war – es fühlte sich auch rein gar nichts in meinem Leben mehr so an wie zuvor.

Alles, was mich betraf, war anders, und alles, was die Welt betraf, die mich umgab, hatte sich für immer verändert.

Was ich damals noch nicht wusste, war Folgendes: *Mein neues Leben hatte mit dem alten nichts zu tun.*

Die Trauer meiner Töchter

Ich hätte nicht präsenter sein können als in dem Augenblick, in dem ich die Tür zu unserem Haus und damit zur Trauer meiner Kinder öffnete. Als Mutter willst du deine

Kinder vor allem beschützen, was sie verletzen könnte. Aber da stand ich nun, nach Tagen der Abwesenheit wieder zu Hause, nach Tagen des Wartens auf den Tod, und musste meinen Kindern beibringen, dass er ihnen den Papa für immer entrissen hatte. Ich hoffte, dass ich zu meinem Gleichgewicht finden und ihnen beistehen konnte, ohne meine Selbstbeherrschung völlig zu verlieren.

Als ich durch die Haustür trat, kam meine sechsjährige Tochter auf mich zugerannt und sprang mir jubelnd in die Arme. »Mami, Mami, du bist zu Hause!«, rief sie. Dann ging ihr plötzlich auf, warum ich wieder da war. Zwei Tage zuvor hatte ich sie und ihre Schwester mit ins Krankenhaus genommen und ihr gesagt, dass ihr Papa im Sterben lag. Ihr eben noch glückliches Gesicht überzog ein tiefer Schatten. Sie begann zu weinen. Dies war nicht die Stimme eines Kindes, sondern die Stimme einer Erwachsenen, die aus dem Körper eines kleinen Mädchens kam.

Der Schmerz, den ich empfand, als ich meine sechsjährige Tochter wie eine Erwachsene trauern sah, lässt sich nicht in Worte fassen. Und niemand hätte in diesem Moment etwas für sie tun können.

Es heißt immer, dass Kinder unverwüstlich sind und alles überwinden können, aber ich wusste, dass meine Tochter sich nun auf meine Stärke verlassen können musste. Auf das bisschen Stärke zumindest, das ich noch besaß.

Am liebsten hätte ich die Zeit angehalten, um uns dann mit einem Mal weit in die Zukunft zu katapultieren – in eine Zeit nach dem Schmerz. Was natürlich ein Ding der Unmöglichkeit war.

Meine Tochter alterte in diesen wenigen Augenblicken um Jahre, und ich konnte sehen, wie ihr das unerträgliche Wissen um den Tod ihres Vaters das Herz zerriss.

Kurz darauf kam meine vierjährige Tochter aus ihrem Zimmer gerannt. Sie freute sich wie ihre Schwester, mich zu sehen. Da sie noch so klein war, würde mein Gespräch mit ihr ganz anders verlaufen, das wusste ich. Ich hob sie also hoch und trug sie zurück zu ihrem Bett.

Dort hielt ich sie fest in meinen Armen, während ich ihr erzählte, dass ihr Papa nicht mehr bei uns leben werde, weil er gerade gestorben sei. Ich erzählte ihr auch, dass er über uns wachen werde. Sie war eine ganze Weile still und dachte darüber nach, während ich geduldig abwartete. Schließlich sah sie mich an und sagte: »Mami, wenn Papa jeden Tag über uns wacht, heißt das dann auch, dass er alles sehen kann, was ich tue?«

Da musste ich laut lachen, obwohl dies der schlimmste Tag meines Lebens war. Es war kaum zu glauben, wie ihr kindlicher Verstand dieses schwierige Ereignis verarbeitete. Sie machte sich Sorgen, dass sie – da ihr Papa ja nun überall sein würde – hinter meinem Rücken keinen Unfug mehr treiben konnte.

Anstatt zu versuchen, ihr die Bedeutung dieses Tages nahezubringen, antwortete ich: »Ja, Schätzchen. Er kann alles sehen, was du tust.«

Dieser Augenblick hat mich viel gelehrt. Er hat mich gelehrt, dass das Lachen selbst dann noch einen Platz in unserem Leben findet, wenn wir es uns am wenigsten vorstellen können.

Ich brach nicht zusammen, als ich meinen Töchtern den Tod ihres Vaters mitteilte, was jedoch nicht etwa daran lag, dass ich versucht hätte, stark zu sein; es war eher so, dass alles in mir erstarrt war und es nichts gab, das ich hätte tun können, um den Schmerz zu lindern. Ich war bereits in so viele Teile zerbrochen, dass ich mir nicht vorstellen konnte, wie mich je wieder etwas heil machen könnte.

Nahrung für die Trauer

Nie hätte ich mir vorstellen können, wie sich meine Bekanntschaft mit der äußeren Welt der Trauer gestalten würde. Was ich durch meinen schmerzbetäubten Blick wahrnahm, war weder überwältigend noch katastrophal, es war schlichtweg unerwartet: Ein Meer von traurigen Gesichtern umgab mich, und von überall hörte ich dieselben gestammelten Worte.

»Es tut mir so leid, Christina.«

»Es tut mir so leid, Christina.«

»Wir können euch was zu essen machen, wenn du möchtest.«

»Wir sind für dich da. Lass uns wissen, wenn du was brauchst.«

»Ich kann für die Kinder Nudeln mit Käse kochen, du musst mir nur Bescheid geben.«

Ständig brachte man uns warmes Essen vorbei. Alle paar Tage stand ein neues Gericht auf dem Trauermenü. Manche waren so wunderbar und liebevoll zubereitet, dass ich mich schrecklich geliebt und umsorgt fühlte. Meine Mädels waren jeden Tag gespannt, was es zum Abendessen geben würde. Ich selbst wünschte nur, diese Gerichte könnten mir Leben einflößen, Hoffnung und eine Umarmung in den einsamen Nächten verschaffen. Ich war pausenlos zu Tode verängstigt und hatte das Gefühl, keine Luft zu bekommen.

Essen war das Letzte, womit ich zu tun haben wollte.

Ich hatte vergessen, wie man isst. Schon vom Geruch nach Essen wurde mir übel.

Alles schmeckte gleich fade. Ich wollte meine Wahrheit in die Welt hinausschreien, die Menschen am Arm packen und sie mit meiner Trauer schütteln. Ich wollte sie wachrütteln und ihnen sagen, dass ich ebenfalls gestorben sei. Ich hatte das Gefühl, es nur mit Tauben und Blinden zu tun zu haben. Alle schienen dieselben Worte zu verwenden, um mich zu trösten. »Denk einfach nie weiter als bis zum nächsten Tag, Christina.«

Wussten sie denn nicht, dass jeder Tag sich anfühlte wie ein ganzes Jahr, dass sich mir in jedem Augenblick ein Messer ins Herz stach? Ich fühlte mich allein in einer herzlosen Welt. Ich machte Bekanntschaft mit der künstlichen, mechanischen Reaktion der Welt auf Schmerz und Leid. Alle konnten meinen Schmerz sehen; seine allumfassende Präsenz jedoch konnten sie sich bestenfalls vorstellen.

Ich machte niemandem Vorwürfe: Mehr konnte ich von meinen Freunden und der Familie einfach nicht verlangen. Sie waren alle jung, und keiner hatte bisher eine solche Tragödie erlebt. Ihre Männer, Frauen, Freundinnen, Freunde und Kinder waren noch alle da, an ihrer Seite. Ich konnte meine Verbitterung schon vernehmen.

Ich war verbittert, weil alle anderen besaßen, was ich gerade verloren hatte – die Liebe ihres Lebens.

Ich schäme mich, es zuzugeben, aber ich hasste ihr Glück. Ich hasste ihr perfektes Leben.

Ich erkannte mich selbst nicht mehr wieder. Solche schrecklichen Gedanken konnte ich unmöglich hegen. Diese Menschen liebten mich doch – und ich liebte sie. Woher kam das nur alles?

Da war ich nun umgeben von fürsorglichen und liebevollen Menschen, die uns alle helfen wollten. Aber sie wussten überhaupt nicht, wie – es sei denn, sie wurden gebeten, etwas zu kochen oder zu backen. Sie wollten gern mehr tun, das können Sie mir glauben, aber ihnen war auch bewusst, dass all ihre Bemühungen niemals ausreichen würden. Mir war klar, dass niemand mich von diesem pausenlosen, unerträglichen Schmerz befreien konnte. Und ich fühlte mich schuldig, weil ich sie um ihr Glück beneidete. Ich wollte ganz einfach wieder die nette Christina mit dem perfekten Leben sein.

Ich wollte zurück zu meiner Liebe, zurück zu dem glücklichen Leben, aus dem ich gerade herausgefallen war.

Ich wollte das Unmögliche.

Wie ich den Weg aus diesem Schmerz finden sollte, war mir ein einziges Rätsel. Manchmal wachte ich morgens auf und hatte für den Bruchteil einer Sekunde vergessen, was geschehen war, nur um im nächsten Augenblick mit umso schlimmerer Qual und Grausamkeit wieder von der Erinnerung überfallen zu werden. Ich wollte jedem von meinem gebrochenen Herzen erzählen. Manchmal versuchte ich es. Aber ich blieb starr in meinem Schmerz, es kamen keine Tränen.

Manche Leute sagten kaum etwas zu mir, wenn ich ihnen erzählte, dass mein Ehemann gerade im Alter von fünfunddreißig Jahren gestorben war. Andere brachen in Tränen aus. Dann blieb mir nichts anderes übrig, als meine Arme um sie zu legen und ihnen zu sagen, dass schon alles in Ordnung kommen würde. Sie trauerten meine Trauer, beweinten meinen Verlust, und so war ich plötzlich stark für sie. Mitten in meiner Trauer fiel es mir leichter, anderen zu helfen als mir selbst. Egal wohin ich kam, brachte meine Tragödie die Menschen zum Weinen. Sogar Leute, denen ich nie zuvor begegnet war, gingen auf mich zu, um mir – wie alle anderen – zu sagen, dass es ihnen leidtue.

Nach dem Verlust meines Mannes glaubte ich, die Zeit würde mich heilen. Ich hörte auf all die Menschen, die mir monatelang Essen vorbeibrachten und mir immer wieder rieten, ich solle nur abwarten und Geduld haben.

Alles geht einmal vorbei.

Und ich glaubte es.

Ich vertraute voll und ganz darauf, dass ich nach einer gewissen Zeit einfach wieder in den alten Trott zurückverfallen würde. »Die Zeit heilt alle Wunden.« – Das hatte man mir so oft gesagt, dass mein Verstand diese Behauptung schließlich für die Wahrheit hielt. So begab ich mich in eine Warteschleife, in der ich Morgen für Morgen in der Hoffnung aufwachte, der Schmerz könnte sich im Vergleich zum Vortag verringert haben.

Ich fühlte mich, als würde ich brennen, und niemand wollte oder vermochte das Feuer zu löschen. Wohin ich auch ging und was ich auch tat – ich brannte lichterloh, und niemand wusste mir etwas Besseres zu sagen, als dass ich geduldig abwarten solle, bis das Feuer von selbst ausging. Die Hitze des Verlustes war mir jedoch eine Qual.

Denn ich liebte meinen Mann mehr als das Leben. Der Schmerz dieses Verlustes war von einer unerträglichen Wucht. Ich fühlte, wie mir das Herz langsam abstarb. Ich schaute förmlich dabei zu, wie mein Körper alterte. Und was noch schlimmer war – ich war erstarrt. Ich hatte keine Gefühle mehr, hatte also noch nicht einmal Tränen der Trauer. Ich wollte weinen und meinen Kummer hinausspülen, aber ich konnte nicht. Und ich fühlte mich schuldig, weil ich es nicht konnte.

Ich war wütend, weil niemand mir gesagt hatte, wie schlimm es werden würde.

Wieso hatte mich die Welt nicht vorbereitet auf diese Qual?

Er hatte mehr als drei Jahre zum Sterben gebraucht. Warum hatte mir niemand gesagt, dass ich mit ihm sterben würde?

Ich fühlte mich wie in einer emotionalen Achterbahn, die kein Ende nahm, und hatte keine Ahnung, wie ich dort je wieder herauskommen sollte.

Die praktische Seite meines Verlustes

Es wäre schön, wenn man nur der emotionalen Welt der Trauer die Stirn bieten müsste. Es gibt jedoch noch eine andere Welt, derer sich die Trauer bemächtigt, ohne sie je wieder loslassen zu wollen. Es gibt einen Teil des Lebens, der nicht anhält und wartet, bis es einem besser geht.

Die Kinder müssen zur Schule.

Jeden Abend muss etwas zu essen auf den Tisch.

Es muss Geld verdient werden.

Das ist die Dualität des Verlustes, wenn die innere Welt nicht mehr zur äußeren Welt passt, wenn Sie also in zwei Teile zerbrechen und dennoch versuchen, innen und außen in Einklang zu bringen.

Die gute und zugleich schlechte Nachricht ist, dass ich aus einer Familie komme, die einem beisteht, wenn eine Katastrophe geschieht. Jeder will dir deinen Schmerz und deine Alltagsaufgaben, deine Mutterpflichten und am liebsten dein Leben abnehmen. Ich wusste das und verstand es als Ausdruck dessen, wie sehr sie mich liebten – aber ich wollte das nicht. Ich spürte, dass meine Heilung auf lange Sicht besser gelingen würde, wenn ich alleine trauerte, und dass ich vom praktischen Standpunkt aus den Übergang besser schaffen würde, wenn keiner mir meine Verantwortlichkeiten abnahm. Andernfalls würde meine Trauer für immer fortdauern – das war jedenfalls mein Gefühl.

Nachdem meine Eltern einige Wochen bei uns gewohnt und mir und den Kindern beigestanden hatten, sagte ich zu ihnen: »Ich muss ab jetzt alleine weitermachen.« Ich habe wohl sehr entschieden gewirkt, denn sie widersprachen mir nicht und fuhren bald danach ab. Sie vertrauten mir bei dieser wichtigen Entscheidung.

Damit will ich nicht sagen, dass ich keine Hilfe gebraucht hätte. Ich brauchte Hilfe sehr wohl. Aber ich spürte, dass ich nur umso länger brauchen würde, meinen Weg zurück ins Glück zu finden, je mehr andere mir bei den praktischen Dingen des Alltags halfen. Mein Plan war, allein herauszufinden, wie ich zurechtkommen könnte. Mich verlangte danach, auf meinen eigenen Beinen zu stehen. Das bedeutete, eine Ausbildung zu machen, eine Arbeit zu finden und meine Kinder allein großzuziehen. Mir war klar, dass damit große Herausforderungen auf mich zukamen.

Es gab viele Tage, an denen ich mich der Trauer ergab. Ich war traurig und einsam, und ich vermisste meinen Mann, da will ich Ihnen gar nichts vormachen. Es gab jedoch auch Zeiten, da fühlte ich, wie die Trauer und ich einander bekämpften. Bei diesen Gelegenheiten trug die Trauer den Sieg nicht davon.

Damals war mir das noch nicht klar, aber es war sehr wichtig, dass ich die Trauer nicht tatenlos hinnehmen wollte. Ehrlich gesagt, hielt ich ihr natürlich auch nicht ohne weiteres stand. Ich war jedoch nicht besiegt. Ich richtete mich, so gut ich konnte, auf die Zukunft aus, selbst wenn mir das bloß wenige Minuten am Tag gelang. Ich wollte die Trauer überleben, indem ich mir neue Fähigkeiten, eine neue Haltung und ein neues Leben erwarb. Und das tat ich.

Innerhalb der nächsten paar Jahre konnte ich meinen Kummer allmählich in den Treibstoff verwandeln, der mich in ein neues, leidenschaftliches und kreatives Leben katapultieren sollte. Das geschah natürlich nicht von einem Tag auf den anderen. Tatsächlich bekam ich erst viele Monate nach dem Tod meines Mannes eine allererste Ahnung von einem Leben ohne Traurigkeit, einem Leben, das nicht von meinem Verlust bestimmt sein würde.

Bevor ich diese Geschichte erzähle, möchte ich Sie allerdings bitten, sich vorzustellen, dass mein Leben zum damaligen Zeitpunkt ungefähr so aussah wie in dem Film *Und täglich grüßt das Murmeltier*, in dem sich immer wieder derselbe Tag abspult. Ich wachte auf, brachte die Kinder zur Schule, ging zur Arbeit, holte die Kinder abends ab, machte das Abendessen und aß eine Kleinigkeit, ging zu Bett … Und am nächsten Morgen ging es wieder von vorne los. Ich war körperlich und emotional erschöpft. Wenn man so tief in der Trauer steckt, kann man das Licht am anderen Ende des Tunnels nicht sehen. Die Trauer ist gnadenlos, es gibt scheinbar keinen Ausweg. So hältst du also einfach durch und hangelst dich irgendwie durch die Tage samt ihrer Gleichförmigkeit.

Anderthalb Jahre nach dem Tod meines Mannes bemerkte ich in der Woche vor dem zweiten Weihnachtsfest ohne ihn, dass der Postbote jeden Tag an meinem Haus vorbeifuhr, ohne meine Post und damit auch all die schönen Weihnachtskarten für mich abzuliefern. Es musste daran liegen, dass zu viel Schnee lag und er für sein Postauto nicht genügend Platz zum Parken hatte. Eines schönen Samstagmorgens schaufelte ich also den Schnee rund um meinen Briefkasten weg. Ich freute mich wirklich darauf, meine Weihnachtspost zu lesen.

Wie überrascht war ich, als der Postbote auch jetzt nicht anhielt – und das, nachdem ich zwei volle Stunden Schnee geschippt hatte! Stellen Sie sich nur meine Enttäuschung vor! Ich war wütend. Das Feuer, das die Trauer in meinem Körper entzündet hatte, loderte auf. Anstatt mich jedoch auf mein Sofa fallen zu lassen und der Verzweiflung anheimzugeben, zog ich meine Winterstiefel und meine Jacke an und rannte, so schnell ich konnte, die Straße hinunter, dem Postauto hinterher. Ich muss wie eine Verrückte gewirkt haben. Seit dieser Episode sehen mich die Nachbarn mit anderen Augen, das können Sie mir glauben.

Endlich hatte ich den Wagen eingeholt und fragte den Postboten völlig atemlos: »Kann ich bitte meine Post haben?«

Er reichte sie mir und brummte: »Warum bitten Sie nicht einfach Ihren Mann, dass er ein bisschen gründlicher Schnee schippt?«

Ein passenderer Satz hätte in diesem Moment gar nicht fallen können. Ich meine, wer sagt denn so was? Das ist doch einfach unglaublich frech. Aber dieser Mann hatte es getan. Er hatte diesen Satz zu mir gesagt.

Ich hielt meine Tränen zurück, schaute ihm mit aller Stärke, die ich aufbringen konnte, ins Gesicht und antwortete: »Das würde er ja, wenn er könnte. Aber er ist tot.« Dann ging ich, ohne seine Reaktion abzuwarten, triumphierend mit meiner Post davon.

An diesem Tag beschloss ich, der Trauer nicht mehr zu erlauben, mich auszubremsen. Ich wollte nicht mehr alles hinnehmen, was mir geschah. Die Tatsache, dass ich den Briefträger nicht einfach an meinem Haus hatte vorbeifahren lassen, hatte mir ein Stück weit die Tür dazu geöffnet, das Leben nicht mehr so zu akzeptieren, wie es sich inzwischen eingespielt hatte: traurig, unglücklich und erbärmlich, an Weihnachten allein mit meinen kleinen Töchtern, Tausende von Kilometern von der restlichen Familie entfernt.

Bevor ich diesen Beschluss fasste, hatte ich mich als armes Opfer gesehen, ganz allein und ohne jede Hilfe – eine arme Frau, der sogar der Briefträger die Weihnachtspost vorenthält. Haben Sie das Bild vor Augen?

Nach diesem Beschluss änderte sich alles. Ich begann, mehr und mehr das Licht zu sehen. Ich gewann immer mehr Kraft, um mich für das einzusetzen, was mir zustand.

Meine Post wurde zu einer Metapher für mein Leben.

Ich zeige mich

Vor meiner verrückten Aktion mit der Post war ich überzeugt gewesen, alles mir Mögliche getan zu haben, um mein Leben neu zu beginnen: Ich hatte eine Ausbildung gemacht, hatte an den Wochenenden mit meinen Kindern Ausflüge unternommen, hatte sogar einen guten Job gefunden. Dabei hatte ich jedoch tagein, tagaus gelitten. Die Trauer spielte noch immer eine entscheidende Rolle in meinem Leben. Nun begannen mich meine Verzweiflung und mein Lebenshunger nach vorn zu treiben – und das war neu!

War es mir etwa leichtgefallen, auf dem hartgefrorenen Schnee dem Postauto hinterherzurennen, atemlos in dem verzweifelten Versuch, es einzuholen? Nein. Es war mir unangenehm gewesen und gar nicht meine Art. Aber nach dieser für mich untypischen Handlung begriff ich, dass ich eine Kraft besaß, von der ich gar nichts geahnt hatte, und dass sich ihre Ursprünge irgendwo in dieser zutiefst emotionalen Achterbahnschleife fanden, in der ich mich seit dem Tod meines Mannes befand.

Während sich meine Trauer langsam in eine Quelle grenzenloser Kraft verwandelte, gelang es mir zunehmend, meine Aufmerksamkeit zu fokussieren und mein Leben in eine neue Richtung zu lenken. Nach Weihnachten kehrte ich mit einer neuen inneren Haltung an meinen Arbeitsplatz und in meinen Alltag zurück: Ich hatte mehr Hoffnung, was meine Zukunftsperspektiven anging. Und dies beruhte ausschließlich darauf, dass sich mein Blickwinkel verschoben hatte. Meine Arbeitskollegen fragten immer wieder, ob sich in meinem Leben etwas geändert habe, ich wirke so viel glücklicher. Ich konnte ihnen unmöglich erklären, was ich hier gerade beschrieben habe, es hätte den Rahmen der üblichen Fünf-Minuten-Gespräche bei weitem gesprengt und wäre sicherlich auch nicht verständlich gewesen – es sei denn, sie waren ohnehin schon mit meiner Geschichte vertraut.

Mein neues Leben begann sich buchstäblich vor meinen Augen zu materialisieren. Drei Wochen später bewarb ich mich für eine wesentlich höhere Stelle in meiner Firma – und ich bekam sie! Die Leute fingen an, mich anders zu behandeln; es war, als könnten sie Christina plötzlich wieder sehen. Davor hatte die Trauer mich verleitet, mich wie eine blassere, fast unsichtbare Version meiner selbst zu verhalten. Die Trauer hatte mich nicht nur unsichtbar für andere gemacht, sie hatte auch noch einen weiteren Verlust gefordert – den Verlust meines wahren Wesens. Nicht dass die Trauer an sich etwas Böses gewesen wäre; doch hatte sie als etwas, das mir unendliche Kraft verlieh, ein riesiges Vakuum in mir geschaffen, das nun mit einer neuen Identität gefüllt werden musste – und diese war mir noch unvertraut.

Als ich mein eigenes Potenzial sah und erkannte, dass ich nicht so war wie die anderen, fing ich an, die Dinge einzufordern, an denen mir lag. Der wesentliche Unterschied zu vorher bestand darin, dass ich jetzt auch das Gefühl hatte, diese Dinge zu verdienen. Ich sah mich als jemand mit enormer Stärke und einer furchtlosen Haltung. Schließlich war ich durch die Hölle gegangen. Was hatte ich noch zu verlieren? Nicht viel.

Das Bewerbungsgespräch für die neue Stelle führte einer der höchsten Chefs in meiner Firma mit mir. Er sagte mir etwas, das ich erst viel später verstand: »Christina, Sie mögen vielleicht nicht genug praktische Erfahrung für diesen Job mitbringen, aber Sie haben so viel Lebenserfahrung, dass Sie daraus mehr Fertigkeiten schöpfen können, als Sie für den Job überhaupt brauchen werden. Deshalb hatten Sie ihn eigentlich schon in der Tasche, bevor Sie mein Büro überhaupt betreten haben.«

Kurz nach meiner Beförderung plante ich eine Party für alle meine Freunde, die in den anderthalb Jahren zu mir gehalten hatten, als ich innerlich abwesend und unzugänglich gewesen war. Ich wollte mich bei ihnen bedanken und sie wieder in mein Leben einladen, ich wollte diese Freundschaften wieder auffrischen.

Zwanzig Tage nach Neujahr hatte ich die erste Verabredung mit meinem künftigen Mann, und mein Herz begann wieder ein wenig schneller zu schlagen. Hätte ich davor nicht die entsprechenden Schritte unternommen, um mein Leben neu in die Hand zu nehmen, einzufordern, was mir immer schon zugestanden hatte, und mein gestärktes Selbst kennenzulernen, dann wäre ich bei unserer Begegnung nicht in der Lage gewesen, seine Liebe zu empfangen.

Ich verdiente mir die Erfolge. Ich verdiente mir das persönliche Wachstum und den beruflichen Erfolg, die auf meinen Verlust folgten. Ich wagte mich langsam wieder auf die Bühne des Lebens, bis ich schließlich für mich geradestehen und der Welt den neuen Menschen zeigen konnte, der ich geworden war. Ich setzte mich für meine Post ein, für mein Leben, für meine Arbeit und für meine Kinder … Und während ich dies tat, begann sich die Trauer Schritt für Schritt von mir zu entfernen.

Es war nicht einfach, das kann ich Ihnen sagen. In Wahrheit ist es härter, zu trauern und dabei zu leben, als einfach nur zu trauern. Aber ich glaube, dass sich der schwierige Weg gelohnt hat.

Ja, es ist schwer, aufzustehen, die Stiefel anzuziehen und einem Auto hinterherzurennen. Viel einfacher wäre es für mich gewesen, zu Hause zu bleiben und mich selbst zu bemitleiden. Ich entschied mich jedoch für das Gegenteil. Wenn Sie der Meinung sind, dass das, was ich damals an diesem Wintertag gemacht habe, eigentlich recht einfach und banal war, haben Sie recht: Es stimmt. Aber eben nur zum Teil.

Im Verlust ist eine unendliche Kraft enthalten. Und diese Kraft können wir als unerschöpfliche Treibstoffquelle nutzen, um uns in Bewegung zu setzen und den Prozess anzugehen, unser Leben neu aufzubauen. Der Grund, warum ich dem Briefträger so schnell hinterherrannte, wie ich nur konnte, war nicht, dass ich besonders fit oder eine gute Läuferin gewesen wäre. Es war die Trauer, die mich so rennen ließ. Sie gab mir die nötige Entschlossenheit!

Im richtigen Augenblick war es für mich von großer Bedeutung zu erkennen, dass *das Maß voll war und ich nicht mehr so weitermachen wollte.* Ich musste mein Leben als Ganzes – und nicht nur die Alltagsroutine – wieder selbst in die Hand nehmen.

Trauer ist ein Portal

Ein wenig länger dauerte es, bis ich begriff, dass meine Trauer ein Portal zu einer anderen Welt darstellte. Mindestens drei Jahre vergingen, bevor ich erkennen konnte, dass der Zugang dazu direkt vor mir lag. Und zwar nicht etwa, weil ich kein neues Leben hätte beginnen wollen, sondern eher, weil ich keine Vorstellung davon hatte, wie sich das Leben je wieder gut anfühlen sollte.

Alle Menschen in meiner Umgebung sagten mir, dass

mein Verlust immer schmerzen und ich ihn mein Leben lang betrauern würde. Es folgten aber nie weitere Erklärungen oder auch Ausführungen, von welchem Ausmaß an Trauer eigentlich die Rede war. Ich las viele Selbstzeugnisse von Menschen, die so etwas Schweres durchgemacht hatten. Darin ging es jedoch immer nur um den Verlust, nie war die Rede davon, ob man während des Trauerns eigentlich auch noch wirklich leben konnte.

Als ich dann das Portal zu einer neuen Welt entdeckte, hatte ich gelernt, dass man es nach einem überwältigenden Verlust durch Tod oder Scheidung mit einem Leben jenseits des Gewöhnlichen zu tun hat. Es liegt jenseits der alltäglichen Erfahrung.

An dem Tag, als ich akzeptierte, wie sehr ich mich aufgrund meiner Trauer verändert hatte, und erkannte, dass ich der Mensch von früher nicht mehr war – und nie mehr werden würde –, öffnete sich eine Tür. Durch sie betrat ich ein neues Leben, das das Potenzial hatte, meine ehrgeizigsten Träume zu übertreffen.

Ich war nicht mehr die Frau, die ihr Leben lebte wie jeder andere Mensch. Ich dachte nicht mehr wie meine Freunde, meine Familie und meine Arbeitskollegen. Ich redete, handelte und fühlte nicht mehr wie sie. Also hörte ich auf, in das Leben passen zu wollen, das ich hinter mir gelassen hatte. Und stellte fest, dass mein Schmerz nachließ. Mein neues Selbst bemühte sich nicht mehr, mit der alten Umgebung zusammenzupassen.

Es war der Versuch, das alte Leben wieder herzustellen, der mich am meisten verletzt hatte.

Anfangs gestaltete sich der Übergang zu meinem neuen Selbst sehr hart, denn ich musste üben, wieder zu lachen und mich mit dem zunehmenden Eingehen von Risiken meinen Ängsten direkt stellen. Und vor allem musste ich lernen, wieder zu vertrauen. Hierzu brauchte ich am allerlängsten. Dann aber brachte mich diese Fähigkeit auch weiter als alles andere.

Meine Wirklichkeit heute ist fast zu schön, um wahr zu sein. Ein neuer Mann trat in mein Leben, der Verständnis für meinen Verlust und für das Leben hatte, das ich danach leben wollte, und wir heirateten. Inzwischen haben wir insgesamt vier wunderbare Töchter. Ich arbeite leidenschaftlich gern. Mein Job treibt mich jeden Morgen aus dem Bett und begeistert mich mehr, als ich es mir je hätte vorstellen können. Mein neues Leben ist kein blasser Abklatsch des alten. Es ist ein anderes, sehr lebendiges Leben.

Während ich dies schreibe, fühlt sich ein Teil von mir schuldig, weil ich einem Glück Ausdruck verleihe, das mir das Herz wärmt. Eine leise Stimme in meinem Kopf sagt mir, ich sollte lieber nicht zu viele Details preisgeben, doch ich höre einfach nicht auf sie. Hier nun also der Grund, weshalb ich Ihnen trotzdem von diesem Segen erzähle: Nach dem Tod meines Mannes glaubte ich nicht, dass so viel Leben, so viel Freude, so viel Liebe und eine derartige Erfüllung überhaupt möglich wären.

Ich bin hier, weil ich Ihnen sagen möchte, dass Sie – egal wie alt Sie sind, wo auf der Welt Sie leben oder wie verheerend Ihr Verlust auch gewesen sein mag – Ihre alte Identität abstreifen und Ihr Leben verwandeln können. Wie ich mir dieses neue Leben schuf? Zunächst einmal musste ich glauben, dass dies überhaupt möglich ist.

Und jetzt sind Sie dran.

Kapitel 2

Die Wissenschaft der Trauerbewältigung

Die Stimme der Trauer ist ziemlich überzeugend, nicht wahr? Sie sagt dir, dass du »zu alt« bist, »nicht gut genug« oder »es nicht wert bist«, noch eine Chance im Leben zu bekommen, und dass ein Neuanfang unmöglich ist. Diese Stimme in deinem Kopf ist morgens in der Früh das Erste und spät abends das Letzte, was du hörst. Sie fährt mit dir zur Arbeit. Sie verbringt das Mittagessen mit dir. Ihre Botschaft ist so gleichbleibend, dass du allein schon, weil sie sich ständig wiederholt, geneigt bist, sie zu glauben. Aber so überzeugend die Stimme der Trauer auch klingen mag, ist doch alles, was sie sagt, eine Lüge.
Oder gar ein ganzer Haufen Lügen.
Willst du die Wahrheit wissen?
Wenn ja, dann fang an, auf das Leben zu hören, das dich aus dem Innern der Trauer heraus ruft.
Wie das gehen soll? Höre jedes Mal auf deine Sehnsucht. Höre darauf, wenn du dich danach sehnst, gehalten und geliebt zu werden und zu lachen. Höre nicht auf deine Angst … Höre auf das Leben, das dich ruft: »Ich bin hier, komm her. Geh das Wagnis ein. Ich bin dein Leben, und du bist alles, was ich habe.«

Man könnte sagen, dass ich der Trauer schon viele Jahre lang »den Hof gemacht« hatte, bevor wir einander so vertraut wurden. An der Uni war ich ihr bereits zufällig begegnet. Ich spezialisierte mich auf Trauerbegleitung, bestand meine Prüfungen mit Bravour und arbeitete in einem örtlichen Hospiz hart an meinen Beratungskompetenzen. Ich war stolz auf mich, denn ich dachte, ich hätte meinen Traum verwirklicht, Menschen durch unerträglichen seelischen Schmerz zu begleiten.

Damals meinte ich, die Trauer gut zu kennen.

Wie falsch diese Annahme war, wusste ich nicht.

Die Trauer und ich waren einander so gut wie fremd.

Sie war beängstigend, niederschmetternd und brutal und machte keine Ausnahme für mich, die »Freundin« der Trauer.

Während ich mich selbst beweinte, weinte ich zugleich auch für all die anderen, mit denen ich gearbeitet hatte, denn mir war nun klar, dass meine Hilfe weit von dem entfernt gewesen war, was sie gebraucht hätten. Sie hatte einzig und allein auf Theorie beruht, die tatsächliche Lebenserfahrung hatte gefehlt. Die Theorie aber reichte bei weitem nicht aus.

Dennoch behielt sie eine nicht zu leugnende Faszination für mich bei. Es gab viele Untersuchungen zum Thema Trauersymptome und ihre Nachwirkungen. Ich spürte, dass ich aus ihnen etwas lernen konnte, das mir helfen würde. Unbewusst jedoch war mir klar, dass mich eigentlich noch etwas anderes beschäftigte. Eine Überlegung ließ mich nicht los: *Wir wissen, was Trauer mit uns* anstellt, *aber wissen wir auch, wie wir die Trauer nutzen können?* Dies wurde zur zentralen Frage auf meiner Reise.

Ich suchte eine auf Trauerbegleitung spezialisierte Sozialpädagogin auf. Nie werde ich den kleinen Stuhl vergessen, auf dem ich mich in diesem Raum immer sehr einsam fühlte. So freundlich und wunderbar diese Frau auch war, brachte meine Verbindung zu ihr doch kaum positive Ergebnisse. Sie konnte großartig zuhören und beraten, und sie zeigte viel Empathie für mich und meine tragische Situation. Während meiner Besuche bei ihr spürte ich, dass meine Trauer gehört und gesehen wurde. Und obwohl diese Art Wertschätzung eine grundlegende Komponente im Trauerprozess darstellt, war es mir doch für meine Heilung nicht hilfreich, meine Geschichte immer wieder von vorne zu erzählen. Im Gegenteil, sie so oft zu erzählen verursachte mir eine derartige Übelkeit, dass ich meine Trauer und meinen Schmerz beim Verlassen ihrer Praxis stärker spürte als vorher. Unsere wöchentlichen Termine bereiteten mich nicht auf das Leben vor. Stattdessen schienen sie mich eher darauf vorzubereiten, für immer und ewig mit der Trauer zu leben. Ich war ein einziges Häufchen Elend auf meinem Weg hinaus in den kalten Wind des Lebensalltags.

Die Trauerberaterin und meine Umgebung versuchten mir zu helfen, die tiefe Krise zu überleben, statt mich zu resozialisieren und ins Leben zurückzugeleiten. Das erschien mir jedoch nicht ausreichend – weder für mich noch für sonst irgendwen. Nur zu überleben, sich irgendwie durchzuwursteln und immer nur durchzuhalten schien mir als Leben nicht erstrebenswert. Wäre es nicht weitaus besser, wieder zu lieben, zu lachen und aus dem Vollen zu leben?

Hätte ich auf meine Trauer besser vorbereitet sein sollen, da ich mich doch in meinem Studium mit Trauma und Verlust beschäftigt hatte? Vielleicht. Die Erkenntnis, dass ich es nicht war, öffnete mir die Augen. Die Tatsache, dass ich nicht in der Lage war zu verstehen, was in mir vorging, und dass ich nicht wusste, welchen Weg ich einschlagen sollte, regte mich dazu an, meine Trauer aus einer neuen Warte zu betrachten. Dabei stellte ich mir zwei Fragen:

- Über welche Werkzeuge verfüge ich bereits, um mich selbst durch meinen Schmerz führen zu können?
- Was hat die Wissenschaft zum Thema Trauerprozess zu sagen?

Diese beiden Fragen würden mich in eine neue Richtung lenken, das spürte ich. Ich wollte einen Weg finden, der für mich und andere in meiner Lage hilfreicher war. Und damit begann meine Reise.

Der Beginn einer Entdeckung

Ich hätte nie erwartet, dass ich mich für die Funktionsweise des Gehirns interessieren könnte. Nachdem ich jedoch erst einmal angefangen hatte, mich mit dem Thema zu beschäftigen, wollte ich unbedingt mehr darüber herausfinden. Ich fand die Hirnforschung zuerst schwer zugänglich, aber sie machte mir so viel Hoffnung auf eine Erneuerung und Neugeburt, dass ich mich unbedingt eingehender mit ihr befassen wollte.

Meine erste Entdeckung war eher ein Zufallstreffer: Ich stöberte eines Tages in den Regalen einer Buchhandlung herum, als ich auf eine ganze Latte von Titeln über das Gehirn stieß.

»Könnten mir diese Bücher helfen zu verstehen, was eigentlich vor sich geht, wenn ich trauere?«, fragte ich mich. Ich muss zugeben, dass mir einiges in der Wissenschaft schwer zu begreifen war. Worte und Begriffe wie »Neuron«, »Präfrontaler Cortex«, »lymbisches System« und »Basalganglien« waren mir unvertraut. In meiner Auseinandersetzung mit ihnen rauchte mir der Kopf. Aber keine Sorge, ich werde jetzt bestimmt nicht versuchen, Ihnen all diese Begriffe zu erklären, denn es ist gar nicht erforderlich, hundertprozentig zu verstehen, warum wir unser Gehirn verändern können. Ich will mich vielmehr auf den praktischen Aspekt konzentrieren.

Ich muss zugeben, dass ich die meiste Zeit keine Ahnung hatte, wovon die Autoren eigentlich sprachen. Eine Weile betrieb ich meine Studien einfach nur als Hobby. Ich hatte ja nichts zu verlieren, alle anderen Methoden, die ich ausprobiert hatte, hatten schließlich zu nichts geführt.

Mit den Abenden zurechtzukommen fiel mir besonders schwer. Ich wusste ja noch nicht einmal, womit ich überhaupt beginnen sollte, um emotional auf ein besseres Niveau zu gelangen. Schließlich aber stieß ich auf ein Buch von Jeffrey M. Schwartz und Sharon Begley mit dem Titel *The Mind and the Brain*. Dr. Schwartz hatte in seiner Arbeit erstaunliche Fortschritte bei Patienten mit Zwangsneurosen erzielt, als er auf Techniken zurückgriff, die in der Hirnforschung entwickelt worden waren.[1] Ich dachte mir: »Trauer ist doch auch etwas Zwanghaftes. Vielleicht bringt mich das weiter, wer weiß ...« Schwartz schreibt, dass jeder von uns die Möglichkeit hat, sein Gehirn und sein Schicksal selbst zu gestalten. Sie können sich nicht vorstellen, welchen Satz mein Herz bei dieser Nachricht machte. Ich wollte alles darüber wissen.

Durch die Lektüre von Schwartz' Buch lernte ich, dass das Gehirn unsere Reaktionen auf die Welt – unsere Emotionen und Gewohnheiten – kontrolliert, indem es bestimmte Programme ablaufen lässt, die auf der Vergangenheit basieren. Wenn wir etwas erleben, stellen Neuronen in unserem Gehirn Verbindungen untereinander her, die unserem Verstand und unserem Körper vermitteln, wie sie auf unsere Umwelt reagieren sollen. Diese Verbindungen werden *Nervenbahnen* oder *Hirnkarten* genannt, und je mehr wir sie nutzen, desto mehr verwurzeln sie sich. Und je mehr sie sich verwurzeln, desto eher werden wir auf diese bestimmte Weise reagieren. Unsere Nervenbahnen lassen sich jedoch verändern, so dass wir die Welt auch auf neue Weise erfahren können. Wir können uns neue Gewohnheiten und Verhaltensweisen angewöhnen, wenn wir unser Gehirn bewusst neu vernetzen. Damit wir aus den altbekannten Nervenbahnen in eine neue Landschaft hinaustreten können, müssen wir uns die richtige Umgebung herstellen.

Schwartz sprach die Trauer zwar nicht explizit an, aber ich übertrug seine Forschungserkenntnisse auf dieses Thema. Ich erkannte, dass ich mit meinem Gehirn nicht auf das Leben, sondern auf die Trauer fixiert war. Die sich ständig wiederholenden Trauergedanken hatten in meinem Gehirn eine Trauerkarte erstellt. Immer wenn ich über meinen Verlust nachdachte, verstärkte ich diese Nervenbahnen. Mit anderen Worten: Ich machte die Trauer zur Standardeinstellung meines Gehirns und verstärkte damit meinen Schmerz noch zusätzlich.

Außerdem erkannte ich, dass ich meine Nervenbahnen tatsächlich umwandeln konnte, wenn ich meine Aufmerksamkeit von den negativen Verhaltensweisen (wie zum Beispiel, mich gedanklich bei meinem Verlust aufzuhalten) auf positive verlagerte (wie etwa, etwas Neues zu lernen oder neue Erfahrungen zu machen). Anders ausgedrückt: Ich konnte mein Leid selbst lindern, wenn ich meine Gewohnheit zu trauern durchbrach.

Das darin enthaltene Potenzial begeisterte mich, doch zunächst einmal benötigte ich weitere Informationen. Ich musste herausfinden, wie sich die wissenschaftliche Theorie praktisch anwenden ließ, und schrieb mich für das von David Rock entwickelte Coachingprogramm »Results Coaching Systems« ein, das Erkenntnisse aus der Hirnforschung nutzt, um Menschen zu helfen, sich zu verändern und ihr Leben nach ihren Wünschen zu gestalten.

Je mehr ich durch dieses System lernte und je mehr ich auf eigene Faust forschte, desto klarer wurde mir, dass ich selbst ein Übungsprogramm entwickeln wollte, mit dem Menschen ihre Trauer besser bewältigen konnten. Ich erkannte zudem, dass es nicht ausreicht, das Leben wieder zusammenzusetzen, um von der Trauer zu genesen; wir müssen es vielmehr komplett neu gestalten, um wieder glücklich zu sein. Durch ein zielgerichtetes Leben können wir unser Gehirn so formen, wie wir es wünschen. Ich weiß, dass die Vorstellung verrückt klingt, Trauer könnte zur Erfüllung unseres menschlichen Potenzials beitragen. Aber genau so ist es.

Bei der Entwicklung meines Übungsprogramms ging es mir darum, den Prozess einfach und leicht nachvollziehbar zu gestalten, denn durch die Trauer ist das Leben ja bereits schwer genug. Ich wollte meinen Klienten nicht eine noch schwierigere Aufgabe stellen, als die Trauer sie ohnehin schon darstellt. Als Grundlage diente mir die Tatsache, dass unser Gehirn formbar ist. Ich griff also auf diesen Grundgedanken zurück und machte mir das Konzept zunutze, dass sich neue Nervenbahnen herstellen lassen. Außerdem fügte ich eine einfache Formel hinzu, die jedem von uns die Kontrolle zurückgibt und uns daran erinnert, dass wir die Macht haben, unser Leben zu verändern.

Mein Neustarter-Übungsprogramm, das jeder erfolgreich durchlaufen kann, bietet die Möglichkeit, nach einem Verlust neu anzufangen. Es ist ein Fünf-Stufen-Prozess, den Sie allein oder in einer Gruppe vornehmen können. Wichtig dabei ist das Wissen, dass Sie längst über die Werkzeuge verfügen, die Sie benötigen, um Ihre Trauer zu überwinden und sich eine neue, strahlende Zukunft aufzubauen. Ich weiß, dass es stimmt, weil dieser Prozess für mich und meine Klienten und für Zehntausende andere Menschen funktioniert hat, die meinen Blog und meine Online-Botschaften gelesen haben. Diese Gemeinschaft von Menschen bezeichne ich als *Lebensstarter*.

Was geht in uns vor, wenn wir trauern?

Nach einem Verlust gibt es drei Genesungsphasen. Erstens, wir verlassen unser altes Leben. Unser Verlust zwingt uns, das Leben hinter uns zu lassen, das wir bislang gelebt haben. Die normale Alltagsroutine ist außer Kraft gesetzt. Manche Leute meinen, dass sie sich bereits in der nächsten Lebensphase befinden, nachdem sie aus ihrem alten Leben katapultiert wurden, doch das stimmt leider nicht. In diesem verwirrten, einsamen Zustand befinden wir uns erst einmal nur in einem Raum *zwischen* zwei Leben.

Zweitens, wir leben nun in einem Zwischenraum zwischen den Welten – zwischen der Welt, die wir hinter uns gelassen haben, und der, die vor uns liegt. Ich bezeichne diesen Ort gern als den *Warteraum*. Solange wir uns in diesem Warteraum befinden, hängen wir noch an der Vergangenheit, selbst wenn sie für immer vorbei ist und wir bereits versuchen herauszufinden, wie unsere Zukunft aussehen könnte. An diesem Ort kämpfen wir mit unserer neuen Wirklichkeit, die wir schon für unser neues Leben halten. Wir sind unfähig, uns selbst klar zu sehen, und treffen Entscheidungen wie früher. Der Verstand hat vorübergehend die Fähigkeit verloren, zu planen und vernünftig zu denken.

Drittens, wir beginnen mit unserem neuen Leben zu

experimentieren. Dies ist womöglich der beängstigendste Aspekt des Lebens nach einem Verlust, denn so vieles ist ungewiss und lässt sich nur mit gutem Glauben meistern. Schritt für Schritt treten wir aus dem Warteraum heraus in eine neue Wirklichkeit ein. Damit beginnen wir schon frühzeitig, bevor wir im neuen Leben überhaupt richtig angekommen sind.

Diese drei Phasen betreffen das Leben nach dem Verlust. Das eigentlich Entscheidende ist jedoch, sich anzuschauen, was im Gehirn passiert, damit Heilung eintreten kann. Jedes schwere Trauma, egal ob es durch Scheidung oder Tod verursacht ist, schlägt die Tür zu einem Aspekt der Vergangenheit zu und hinterlässt im Gehirn seine Spuren. Was bleibt, ist Ungewissheit. Wir wissen noch nicht, wie sich das Leben gestalten wird. Wir haben Angst davor, es in die Hand zu nehmen und einen Neuanfang zu wagen. Im Grunde behindert uns also die Angst, womöglich noch einmal alles zu verlieren, und nicht die Trauer.

Bevor wir in den Prozess des Neustarter-Übungsprogramms wirklich einsteigen können, müssen wir die Beziehung zwischen der Angst und dem Gehirn verstehen. Die *Amygdalae,* zwei mandelförmige Massen aus grauer Substanz, helfen uns, Sinneseindrücke zu verarbeiten und zu bestimmen, ob das, was wir erleben, gefährlich oder ungefährlich ist. Sie tun dies, indem sie das aktuelle Geschehen mit unseren vergangenen Erfahrungen abgleichen. Wird eine Erfahrung als ungefährlich eingestuft, reagieren wir auf eine bestimmte Weise; wird sie als gefährlich klassifiziert, reagieren wir auf eine andere Weise. Wenn die Amygdalae eine Bedrohung wahrnehmen, lösen sie die Sekretion von Stresshormonen wie Adrenalin aus, die eine Kampf-oder-Flucht-Reaktion stimulieren und uns in höchste Alarmbereitschaft versetzen.

Leider erscheint uns die Welt nach einem schmerzlichen Verlust unsicher und verwirrend. Alles wirkt wie eine Bedrohung, denn was wir mit unverbrüchlicher Sicherheit wussten – dass wir für immer mit unserem Liebsten zusammenleben würden, dass wir gesund und in Sicherheit sind –, ist jetzt plötzlich anders. Nach einem Verlust nehmen wir die ganze Welt als Gefahr wahr, denn die Amygdalae vergleichen alle neuen Erfahrungen sofort mit diesem Trauma und mit der Bedeutung, die es für unser Leben hatte. Dies stärkt die Angst-Nervenbahnen, so dass das Gehirn Gefahren leichter wahrnimmt und wir letztlich eine Gefahr wittern, wo gar keine besteht.

Die Therapeutin Linda Graham beschreibt dieses Phänomen gut: »Das Schnellreaktion der Amygdala beruht gänzlich auf impliziten (unbewussten) Erinnerungen, die – abhängig von früheren Erfahrungen aus der Vergangenheit – eher ins Negative tendieren. Dadurch löst ein Ereignis schnell eine Stressreaktion aus, weil dabei eine Bedrohung oder Gefahr wahrgenommen wird, wo vielleicht gar keine vorhanden ist.«[2]

Es ist dieses unbewusste Angstmuster, das Menschen in der Trauer und in jener zweiten Lebensphase nach dem Verlust festhält, die ich als *Aufenthalt in einem Warteraum* bezeichne.

In diesem Warteraum macht man es sich dann im Lauf der Zeit immer bequemer. Er wird zum wahren Zufluchtsort. Und manche Warteräume sind tatsächlich recht gemütlich, wenn wir uns erst einmal in ihnen eingerichtet haben. Metaphorisch betrachtet, könnte man sie sich als Wohnzimmer mit einem schönen großen Sofa und Flachbildschirm-Fernseher vorstellen. Zunächst betreten wir diesen Raum, um uns in der Phase, in der wir uns langsam an unseren Verlust gewöhnen, zu schützen.

Bald jedoch beginnt das Gehirn, jedes Verlassen dieses Raums als Gefahr wahrzunehmen. Wir wollen Schmerz vermeiden, also versucht das Gehirn, eventuelle Katastrophen vorwegzunehmen. Aus Angst, einen zukünftigen Verlust zu riskieren, bleiben wir dann lieber gleich in unserem Warteraum. Leider fällt jeder Neuanfang umso schwerer, je länger wir dort verweilen.

Jeder von uns muss – wie bei einem Tanz – auf seine individuelle Intuition hören, um herauszufinden, wann er den Sprung wagen kann und wann er sich lieber nicht vom Fleck rührt. Das ist die Herausforderung, mit der es der Mensch als Gattung zu tun hat, denn sein Gehirn ist auf das Überleben ausgerichtet. Wenn wir einen verheerenden Verlust erfahren haben, fühlt sich das Gehirn bedroht. Es will nicht, dass seine Überzeugungen in Frage gestellt werden, denn es verwendet genau diese Überzeugungen als Schutz im Gefahrenfall. Das Leben, mit dem wir nach einem Verlust konfrontiert sind, stellt die Überzeugungen, die wir vor unserem Verlust hatten, in Frage, und so tut das Gehirn alles in seiner Macht Stehende, um gegen die Notwendigkeit dieses neuen Lebens anzukämpfen. Unser Überlebensinstinkt ist so stark, dass wir über Jahre in dieser Situation feststecken können.

Daher müssen wir lernen, wie wir vermeintliche Bedrohungen, die auf unseren ersten Schritten in ein noch unbekanntes Leben beruhen, ignorieren können und wie sich vermeintliche von tatsächlichen Gefahren unterscheiden lassen.

Wie können Sie den Warteraum verlassen? Indem Sie nach und nach lernen, Ihre Angst loszulassen, während Sie üben, Dinge zu tun, die sich von Ihren sicheren und allzu bequemen Alltagsroutinen unterscheiden. Sie müssen lernen, Ihre natürliche Angst vor Veränderung zu überwinden. Das ist die Grundlage meines Übungsprogramms, das es Ihnen ermöglicht, eine aktive strategische Rolle in der Neudefinition Ihres Lebens nach dem Verlust einzunehmen. Es versetzt Sie in die Lage, sich eine Startrampe zu bauen, von der aus Sie sich das Leben dann so gestalten können, wie Sie es sich wünschen.

Den Verlust in eine Startrampe verwandeln

Der Begriff *Startrampe* gehörte zu Beginn meiner Trauerphase nicht zu meinem Vokabular, und ich hätte nie gedacht, dass ich meine Heilung je mit dem Abschuss einer Rakete in Verbindung bringen könnte. Letztlich lief es jedoch genau darauf hinaus.

Nach dem Tod meines Mannes befand ich mich an einem sehr dunklen Ort, an dem ich weder meine Reise reflektieren konnte, noch meine Lage verstand, geschweige denn gewusst hätte, wohin mein weiterer Weg eigentlich führen sollte. Das Wissen, dass sich etwas ändern musste, überkam mich so unerwartet, dass es sich anfühlte, als hätte mich die Trauer geradezu zornig angeschrien. Ich muss zugeben, dass ich von der Heftigkeit überrascht und betroffen war.

Es geschah bei der Lektüre eines Buches.

Ich erinnere mich noch sehr deutlich an den Moment. Es war ein äußerst emotionales Buch, nämlich *Über die Trauer* von C.S. Lewis; er setzt sich darin mit dem Verlust seiner Frau auseinander. Gleich zu Beginn heißt es da: »Niemand hat mir je gesagt, dass das Gefühl der Trauer so sehr dem Gefühl der Angst gleicht. Ich fürchte mich nicht, aber die Empfindung gleicht der Furcht. Das gleiche Flattern im Magen, die gleiche Unrast. Ich muss die ganze Zeit schlucken.«[3] Ich brach in Tränen aus und musste das Buch beiseitelegen. Ein unbändiges Schluchzen hatte mich erfasst. Ich hatte begriffen, dass meine Trauer über den Verlust meines Mannes zu sehr schmerzte, als dass ich so hätte bleiben können, wie ich war. Ich musste da heraus. Ich musste mich verändern. Wenn ich nicht bis an mein Lebensende trauern wollte, musste ich wieder zu leben beginnen. Ich begriff jedoch auch, dass die Angst vor dem künftigen Leben meinen natürlichen Trauerzyklus behinderte, der eigentlich aus Trauer, Heilung und Wiedergeburt hätte bestehen sollen. Mein riesiger Stolperstein war nicht etwa, dass ich zu traurig war, um einen Neuanfang zu wagen, sondern dass ich zu viel Angst davor hatte. In dem Moment jedoch, als ich die Angst erkannte, war ich frei weiterzugehen.

Ich hatte mir größte Mühe gegeben, mir einzureden, dass das Leben auch mit gebrochenem Herzen wert ist, gelebt zu werden – und zwar voll und ganz. Aber dies wirklich zu glauben war noch einmal etwas ganz anderes, und so hinderten mich meine Überzeugungen bezüglich dessen, was für jemanden in meiner Lage (alleinstehende, arbeitslose Mutter mit zwei kleinen Töchtern) überhaupt machbar war, die kleinen Schritte zu tun, die es mir schließlich ermöglicht hätten, die Startrampe für mein neues Leben zu bauen. Was ich zu dem Zeitpunkt nicht wusste, war, dass Trauer eine Traurigkeitserfahrung ist, die in der Gegenwart stattfindet – im *Hier und Jetzt*, wenn man so will.

Ich hatte meine Trauergefühle mit dem »Was-wäre-wenn-und-warum« durcheinandergebracht, die mit einer Vorwegnahme der Zukunft zu tun hatten. Da mein Gehirn mich vor Gefahren beschützen wollte, platzte mir fast der Kopf vor negativen Überzeugungen darüber, wer ich war, was ich erreichen konnte und wie die Welt reagieren würde. Meine Gedanken sagten mir, dass meine Jetztzeit-Trauer für immer fortdauern würde und dass ich deshalb die Zukunft als unerfreuliche, unglückliche Erfahrung zu fürchten hätte.

Dass keine dieser Vorstellungen der Wirklichkeit entsprach, wurde mir bei der Lektüre des Buches von C.S. Lewis mit einem Mal klar; ich vermochte nach und nach den Zusammenhang zwischen meinen Gedankenmustern und meinem Zustand zu erkennen.

Ich hatte von der Formbarkeit des Gehirns gelesen, und sobald sich die Erkenntnis eingestellt hatte, dass meine Gedanken mir nicht dienlich waren, wusste ich auch, dass ich mein Denken ändern musste, um mir das Leben erschaffen zu können, das ich auch wirklich gern leben wollte. Ich wusste zwar nicht, wie dieses Leben beschaffen sein würde, aber mir war klar, dass ich wieder glücklich sein wollte und dass sich dieser unerträgliche Schmerz beruhigen musste, den ich verspürte. In dem Jahr nach dem Tod meines Mannes hatte ich mich fast ständig elend und traurig gefühlt, es hatte kaum einen Lichtblick gegeben.

Ich begriff, dass ich mitten in meinem Trauerprozess selbst die Verantwortung für mein Leben trug. Ich sah, dass ich trotz allem noch die Freiheit hatte, Entscheidungen zu treffen. Ich fing an, etwas zu verändern. Aber ich wusste, dass ich es auf eine Art und Weise tun musste, die mein von Angst verwirrtes Gehirn verarbeiten konnte. Ich veränderte also zuerst Kleinigkeiten, strich zum Beispiel die Wände im Haus in einer anderen Farbe, kaufte mir einen anderen Wagen und unternahm Spritztouren mit meinen Töchtern. Durch diese kleinen Siege und Erfolge begann ich wieder Vertrauen zu schöpfen. Mein Gehirn ließ die Angst langsam los und erlaubte mir mit jedem Tag, ein bisschen mehr zu riskieren. Ohne dass ich es bemerkte, bildete sich langsam eine Startrampe unter meinen Füßen.

Natürlich traten diese besonderen Siege nicht über Nacht ein. Es gab auch sehr schwere Tage dazwischen. Aber die Hoffnung blitzte immer häufiger auf, so dass die Option, den Warteraum zu verlassen, schließlich an Realität gewann.

Strategien für das eigene Leben entwickeln

Einen Rat werden Sie von mir nie zu hören bekommen: dass Sie doch, bitte schön, in der Lage sein sollten, Ihre Trauer und Ihre Angst vor einem Neuanfang innerhalb von einigen Wochen oder auch von ein paar Monaten zu überwinden. Der Schmerz, den Sie durchmachen, ist schrecklich, und es gibt keinen Schalter, mit dem man ihn abstellen könnte. Ein derart simpler Ratschlag wäre also schon sehr herzlos. Ganz davon abgesehen, sollten Sie aber wissen, dass Sie während der Trauer auch – und sogar gut – leben können. Es ist möglich, sich ein neues Leben aufzubauen und wieder zu lieben, und zwar schneller, als Sie sich das jetzt vielleicht vorstellen können.

Ein neues Leben anzugehen ist ein strategischer, aktiver Prozess. Es geschieht nicht von selbst. Viele, die sich nach einem Verlust um ihren Alltag kümmern, meinen, sie würden das Richtige tun, was jedoch oftmals nicht der Fall ist. Wenn sie mit dem Automatismus ihres alten Ichs handeln, werden sie stets den Schmerz des Widerstands spüren. Dieser Schmerz sollte nicht mit Trauer verwechselt werden. Es ist, als würde man sich Kleidungsstücke anziehen, die einem nicht mehr passen. So ein Verhalten ermöglicht jedoch nur ein passives Überleben. Der Unterschied zu einem strategischen Neuanfang besteht darin, dass Menschen im Überlebensmodus versuchen, sich zu beschäftigen, um sich von ihrem Schmerz abzulenken, während sie sich mit einem Neustart auf ein besseres Leben zubewegen.

Durch meinen eigenen Neustart und aufgrund der Gelegenheit, Menschen, die ich im Rahmen meines Neustarter-Übungsprogramms gecoacht habe, bei ihrem Übergang in ein neues Leben zu beobachten, habe ich gelernt, dass wir bei einem Neustart nach einem schmerzlichen Verlust eigentlich alles in unserem Leben neu verhandeln müssen – angefangen damit, wie wir unseren Lebensunterhalt verdienen, bis hin zu dem Ort, wo wir leben, welchen Hobbys wir nachgehen und wie wir uns gegenüber unseren Freunden, Verwandten und sogar unseren Kindern verhalten. Die meisten Menschen, denen der Übergang gelingt, haben damit begonnen, winzige Kleinigkeiten zu verändern. Von dem Moment an, wenn sie ihr Leben selbst in die Hand nehmen und ihre Aufmerksamkeit darauf verlagern, sich Fragen zu stellen wie: »Was könnte ich in die Welt bringen?« und »Wer bin ich in meinem neuen Leben?« und diese Fragen auch beantworten, fällt der Schmerz von ihnen ab; das Leben gewinnt an Frische, und die Begeisterung kehrt zurück. Obwohl sich das neue Leben manchmal gar nicht so sehr vom alten unterscheidet, hat sich doch plötzlich ein ganz anderes Gefühl für die eigenen Möglichkeiten eingestellt.

Das Risiko beim Betreten der Startrampe

Um neu anfangen zu können, müssen Sie das Risiko in Kauf nehmen, womöglich erneut einen Verlust zu erleben. Ich wünschte, ich könnte dieses Risiko für Sie ausschließen, aber es ist Bestandteil des Lebens und Bestandteil des Neuanfangs. Wenn Sie sich ein neues Leben aufbauen möchten, riskieren Sie Tränen, Ängste und

Fehler. Vor allem müssen Sie jedoch trotz Ihrer Trauer eine gewisse Abenteuerlust an den Tag legen, wenn Sie herausfinden wollen, wer Sie wirklich sind und aus welchem Holz Sie geschnitzt sind. Risiko ist der Schlüssel zu Leidenschaft und Freude. Das Neustarter-Übungsprogramm gibt Ihnen eine Struktur und Techniken an die Hand, mit denen sich das Risiko in einem vertretbaren Rahmen hält. Das Programm hilft dabei, Ängste zu bewältigen, die uns einreden, dass wir nichts Neues wagen sollten, dass wir lieber bleiben sollten, wo wir sind. Die Angst warnt uns vor allem, was außerhalb der Norm liegt. Sie müssen also lernen, genau dagegen anzugehen. Mir sagte meine Angst, ich sei nun eben alleinerziehende Mutter und solle es auch bleiben. Ich bekämpfte diese Angst jedoch und beschloss, mich dennoch auf ein erstes Date nach dem Tod meines Mannes einzulassen. Als ich mich dann schließlich ausgehfertig machte, fühlte ich mich gefühllos und taub.

Aber ich ging trotzdem.

Als ich meine feste Stelle aufgab, um meine eigene Firma *Second Firsts* zu gründen, waren schon drei Jahre seit dem Tod meines Mannes vergangen, und selbst da fühlte ich mich noch oft halb wahnsinnig vor Schmerz und irrationaler Angst.

Aber ich tat es trotzdem.

Diese schmerzhaften, schwierigen Momente verwandelten mich letztlich in die Frau, die ich heute bin. Ohne die harten Momente, die mit all den ersten Schritten nach einem Verlust einhergehen, hätte ich meine neue Identität nicht gewinnen können, hätte nicht wiedergeboren werden oder wirklich zurück auf die Bühne des Lebens treten können.

Die Wahrheit ist, dass ich immer noch damit ringe, die Messlatte meiner Ansprüche an mich und mein Leben höher zu legen – was vielleicht bis an mein Lebensende so weitergeht. Meine Verlustangst spricht noch immer täglich zu mir. Und trotzdem entscheide ich mich dafür, mutig zu sein.

Für jeden einzelnen neuen Schritt, den ich tun muss, damit ich vertrauensvoller weitergehen kann, brauche ich Mut. Dieser Mut ist von entscheidender Bedeutung für das Glück und das Gelingen meiner derzeitigen Ehe, meiner Karriere und auch meiner Rolle als Mutter. Ich war bereit, diese Risiken einzugehen, weil ich den Mut dazu gefunden hatte. Und jetzt möchte ich Sie unterstützen, ebendiesen Mut wiederzufinden und ihm Folge zu leisten. Denn er lebt in Ihnen – in Ihrem Herzen, in Ihrer Seele und in Ihrem Geist.

Was die blanke Angst angeht, die das Herz fast stehenbleiben lässt und einen oft daran hindert zu handeln, so ist es wichtig zu wissen, dass Sie jederzeit die Entscheidung treffen können, trotz Ihrer Angst den Sprung zu wagen. Das ist der Grund, weshalb sich der von der Trauer gesteuerte Anteil in Ihnen schließlich Ihrer Entscheidung für das Leben und die Freude fügen wird. Diese Erfahrungen geben Ihrem Gehirn dann eine neue Vergleichsgrundlage, die nicht mehr nur auf Angst beruht. Ihr Erfolg wird dem Gehirn schließlich den Beweis liefern, dass es vielleicht doch gar nicht so schlecht ist, den besagten Warteraum zu verlassen.

Es wachsen Ihnen Flügel, während Sie das Fliegen üben. Das habe ich bei mir selbst und bei zig anderen erlebt.

Mein Klient Josh – neunundvierzig Jahre alt, Ehemann und Vater – war ein wunderbarer Mann, der sich wirklich eine Startrampe für sein Leben bauen wollte. Außerdem wollte er ein leidenschaftliches Leben führen und seine Lebensaufgabe finden. Obwohl er wusste, dass er nicht glücklich war, hielt ihn die Angst in seiner Ehe fest, dass er womöglich nicht in der Lage sein könnte, jenseits dieser Ehe eine bessere Beziehung oder ein glücklicheres Leben zu führen. Diese Angst hatte jahrelang zu ihm gesprochen. Sie war so einflussreich, dass sie ihn veranlasst hatte, in einem Leben zu verharren, das er gar nicht mehr wollte.

Als er zu mir kam, hatte Josh nicht den traditionellen Verlust eines ihm nahen Menschen erfahren. Bei ihm handelte es sich eher um den Verlust von Freude und Liebe – und um das Fehlen eines Lebens, das ihm auch lebenswert erschien. Er befand sich bereits im Warteraum und wartete auf den richtigen Zeitpunkt für einen Wechsel. Er liebte seine Frau nicht mehr und wollte die Scheidung. Sie waren schon längst emotional getrennt, ohne den Schritt äußerlich vollzogen zu haben. Zum Teil bestand Joshs Problem darin, dass er nicht abschätzen konnte, was für ein Mensch er sein würde, wenn er sich scheiden ließe und aus dem Haus auszöge, in dem er seit zwanzig Jahre mit seiner Frau lebte.

Zu Übungszwecken bat ich Josh, diverse kleinere Aktionen zu erfinden, die seinem Gehirn den Beweis liefern würden, dass ein besseres Leben möglich war. Das Experiment verlief erfolgreich. Gehirn und Herz erfuhren einen Wandel. Während er mit den Elementen seines neuen Lebens spielte, erlebte er Tage des Glücks, der Verbundenheit und eine Lebensqualität, die er nach so vielen Jahren der Langeweile und des latenten Leidens nicht für möglich gehalten hatte. Er war sehr schnell bereit, ein neues Leben anzufangen.

Wenn Josh nun von seinen Unternehmungen erzählte, klang seine Stimme so begeistert, dass ich wusste: Er hatte gefunden, was er brauchte, um auf seine Startrampe zu steigen. Die Erinnerung an die getanen Schritte war nun positiv in seinem Gehirn gespeichert. Sein Gedächtnis würde ihn stets daran erinnern, dass es eine Alternative gab zu dem Leben, das er gerade führte. Er hatte nun tatsächlich einen Beweis dafür, dass ein anderes Leben möglich war.

Die Zeit verging, und als Josh zu Ergänzungsterminen zu mir kam, erinnerte er sich an die aufregende Phase, in der er aktiv geworden war, und durchlebte noch einmal die Gefühle, die er dabei empfunden hatte. Am Ende ließ Josh sich dann doch nicht scheiden. Stattdessen wechselte er den Beruf und begann, sich durch die neue Arbeit eine neue Identität aufzubauen. Während er sich veränderte, wandelte sich auch die Beziehung zu seiner Frau. Als sie miterlebte, wie Josh neue Risiken einging, fühlte sie sich animiert, selbst ebenfalls etwas Neues auszuprobieren. Auch sie veränderte sich, und schließlich fanden die beiden wieder zueinander.

Als Josh die Brücke von seinem alten zu seinem neuen Leben überquerte, lief das natürlich nicht immer glatt. Es gab einige Turbulenzen auf dem Weg, den er wählte. Er musste sich mehrfach in blindem Vertrauen üben. Dennoch sammelte er langsam, aber sicher genügend Beweise, um wirklich zu der Überzeugung zu gelangen, dass diese Turbulenzen ihn schließlich zu dem Leben führen würden, von dem er träumte und das er verdient hatte. Josh war schließlich bereit, das bislang vertraute Leben aufs Spiel zu setzen für ein neues Leben, das er nur erahnen konnte.

Hindernisse auf dem Weg zurück ins Leben

Unsere Gefühle wie auch unser Widerwille gegen Unbehagen fördern oder behindern den Übergang in ein neues Leben maßgeblich. Eines der größten Hindernisse, mit denen Josh sich konfrontiert sah, waren Schuldgefühle.

Er fühlte sich sehr schuldig gegenüber Menschen, die er womöglich verletzen könnte, wenn er seinen Bestrebungen nach mehr Glück im Leben nachging. Bitte denken Sie nicht, ich würde Sie je auffordern, andere Menschen zu verletzen, um auf diese Weise das Leben Ihrer Träume zu verwirklichen. Dazu rate ich wahrlich keinem. Ich würde Ihnen jedoch gern vorschlagen, einmal etwas Neues auszuprobieren, etwas, das Ihre Seele nährt. Wenn Sie in Ihrem Leben an einem Punkt angelangt sind, an dem sich Ihre Seele nicht mehr weiterentwickeln kann, dann sind Trauer und Schuldgefühle keine ausreichenden Gründe, um zu stagnieren.

Es gibt nur eine Frage, mit der Sie und ich und Josh und seine Frau immer wieder konfrontiert sein werden: *Sind Sie bereit, womöglich noch mehr Trauer zu riskieren, damit Sie den Weg zurück ins Leben finden können?*

Als ich vor einigen Monaten den Lesern meines Blogs diese rein spekulative Frage stellte, bekam ich eine ganze Reihe von Kommentaren zu lesen wie diese: »Nein, ich bin nicht bereit, für die Chance eines Neuanfangs Schmerz zu riskieren.« Oder: »Ich habe schon Angst, mein Haus zu verlassen, geschweige denn, sonst etwas zu versuchen.« Mit anderen Worten: Es fehlt am nötigen Vertrauen.

Mangel an Vertrauen ist ein entscheidender Grund, der Millionen von Menschen dazu bringt, sich von Startrampen jeglicher Art fernzuhalten. Viele Menschen mit einer Verlusterfahrung glauben, nie mehr jemandem trauen zu können. Lieber bleiben sie jeden Abend allein mit ihren Hunden oder Katzen zu Hause und setzen sich vor den Fernseher. Und warum sind sie nicht bereit dazu, wieder etwas zu riskieren? Weil sie glauben, dass die Zukunft traurig und schmerzhaft sein wird.

Bestimmt würden genau diese Menschen ein höheres

Risiko in Kauf nehmen, wenn sie wüssten, welche Schritte sie tun müssen, um trotz des erlebten Schmerzes wieder zurück zu einem glücklichen Leben zu finden.

Damit Glück überhaupt möglich wird, ist es grundlegend wichtig, darauf vertrauen zu lernen, dass das Leben sich ändern und mindestens so schön sein kann, wie es einmal war. Zunächst jedoch müssen Sie den Beweis dafür finden, dass es dieses Leben überhaupt gibt, von dem Sie träumen. Hierbei wird Ihnen das Neustarter-Übungsprogramm behilflich sein.

Den Konflikt lösen, den die Startrampe bereithält

Die Trauer ist in Ihrem Herzen eingekehrt und hat Raum für Ihre Seele geschaffen, damit sie wachsen kann. In diesem Raum ist Ihre Seele gestärkt geworden, und sie wird es noch. Ich glaube an die Stärke Ihres Geistes. Und ich glaube, dass Verlust eine Startrampe in eine neue Dimension des Lebens und der Liebe und in eine neue Blütezeit darstellen kann. Wenn Sie eine Tragödie erlebt haben, dann ist Ihre Seele sehr weit fortgereist in Welten, die sich auf keine andere Weise und durch kein anderes Gefühl berühren lassen. Die Trauer öffnet Ihnen das Herz, so dass Sie nun eine Transformation erfahren können. Es liegt jedoch an Ihnen, ob Sie diese Öffnung nutzen wollen, um sie auf Ihr gesamtes Leben zu übertragen. Denn die Trauer hat Ihnen zwar das Herz geöffnet, der Kopf aber wird Ihnen raten, sich zu verstecken und auf Nummer sicher zu gehen.

Es sind duale Kräfte, die sich in Ihnen bekämpfen. Die eine möchte, dass Sie so bleiben, wie Sie sind; die andere möchte, dass Sie sich weiterentwickeln. Sie müssen sich der Herausforderung stellen, diese Kräfte miteinander zu versöhnen. Diese Versöhnung wird wie ein Tanz sein. Manchmal werden Sie dabei führen, manchmal geführt werden. Ich will Ihnen im Folgenden einige Wege aufzeigen, wie Sie mit den Gefühlen, die sich tief und unauslöschlich in Ihr Herz eingegraben haben, tanzen, das Leben einatmen und Ihrer Seele Raum für Entwicklung geben können.

Manche der Übungen, die Ihnen in den folgenden Kapiteln vorgestellt werden, sind aktiv auszuführen, andere dagegen mental. Alleinsein ist notwendig, damit Sie sich in Ihren Verlust hineinfinden können. Der Psychiater Daniel J. Siegel schreibt in seinem Buch *Wie wir werden, die wir sind. Neurobiologische Grundlagen subjektiven Erlebens und die Entwicklung des Menschen in Beziehung:* »Wir alle brauchen Zeiten, in denen unser Geist seinen Fokus nach innen richten kann. Allein zu sein ist für den Geist wichtig, und er braucht dieses Erlebnis, um seine Prozesse zu organisieren und einen inneren Zustand der Resonanz zu erzeugen. In solch einem Zustand kann das Selbst seine Einschränkungen verändern, indem es den Input direkt aufgrund der Interaktion mit anderen verringert.«[4] Reflexionsphasen verlangsamen das Tempo und machen Ihnen bewusst, was um Sie herum geschieht, so dass Sie die gesammelten Informationen sortieren können. Reflexion ist besonders dann notwendig, wenn unser Leben nach einem Verlust aus dem Gleichgewicht geraten ist.

Die Funktionsweise unseres Gehirns ist einer der Evolutionsvorteile des Menschseins. Der Biologe John Medina drückt dies wunderbar aus in seinem Buch *Gehirn und Erfolg: 12 Regeln für Schule, Beruf und Alltag:* »Auf unserem Weg von den Bäumen in die Savanne wurden wir mit einigen Strukturelementen ausgestattet, die kein anderes Lebewesen besitzt.«[5] Er fährt fort: »Es gibt zwei Strategien, um in einer rauen Welt zu überleben: stärker werden – oder schlauer. Die Menschheit hat sich für Letzteres entschieden. Eigentlich ist es unglaublich, dass eine körperlich derart schwache Spezies die Herrschaft über den ganzen Planeten allein dadurch erringen konnte, dass sie Neuronen anstelle von Muskeln aufbaute«.[6]

Wir Menschen überleben durch Anpassung und Entwicklung. Die Trauer ist eine der Herausforderungen des Lebens, dank derer wir uns als Individuen entwickeln.

Das Betreten der Startrampe

Nachdem ich nun schon seit Jahren mit Menschen mit den unterschiedlichsten Verlusterfahrungen arbeite, bin ich auf ein interessantes Muster gestoßen. Beim Durchlaufen der fünf Stufen des Neustarter-Übungsprogramms lassen sie ganz offensichtlich die Kontrolle los, die sie einmal über ihr Leben hatten, und erleben in der Folge einschneidende Veränderungen an sich. Je stärker sie emotional an sich arbeiten, umso mehr wird dieses eher unterschwellige, aber nagende »Vielleicht-sollte-ich-mich-verändern« nicht mehr nur als eine Möglichkeit, sondern als tiefes, drängendes Bedürfnis wahrgenommen.

Nicht nur bei meinen Privatklienten habe ich wesentliche Veränderungen erlebt, sondern auch bei den Menschen, die an mein Facebook-Account posten und mir nach Erhalt meines wöchentlichen Newsletters *»Message in a Bottle«* (»Flaschenpost«) ihre Kommentare senden. Seit ich mein Fünf-Stufen-Programm lehre, erhalte ich regelmäßig Mitteilungen über neue Jobs, erste Dates, neue Beziehungen, Verlobungen und Hochzeiten – also über jede Menge Neustarts.

Was soll ich sagen? Sobald wir in der Lage sind, das Leben wieder sachte an uns herankommen zu lassen, können wir Wunder vollbringen, selbst wenn beim Durchleiden eines Verlustes die Trauer zunächst alles zu bestimmen schien.

Jetzt könnte ich Ihnen natürlich zeigen, wie die Welt nach Verlust und Kummer aussehen kann. Ich könnte Ihnen stundenlang von dieser neuen Welt der Wunder vorschwärmen. Ich könnte Ihnen noch mehr Hoffnung machen.

Aber das lasse ich bleiben.

Ich werde Ihnen nicht erzählen, was Sie selbst entdecken können.

Ich werde Ihnen nicht erzählen, was alles passieren kann und was Sie erleben können.

Ich werde nichts dergleichen tun, denn nach einem Verlust entsteht die Magie des Lebens aus dem Zauber des Unerwarteten, aus dem Zauber, den du erlebst, wenn du dich neu verliebst, obwohl du doch dachtest, dass das gar nicht mehr geht; oder wenn du an einem schweren Tag plötzlich jemanden siehst, der dich anlächelt; oder wenn du dich trotz deines gepeinigten Herzens dabei erwischst, dass du lachst. Was das Leben nach einem Verlust so besonders macht, ist die Tatsache, dass es voller Überraschungen steckt.

Sie werden mitunter plötzlich Glücksgefühle empfinden oder das Leben gänzlich unerwartet durch die Brille der *Hoffnung* wahrnehmen. Ihr Glück kann auch plötzlich den Weg zu Ihnen finden zu einem Zeitpunkt, als Sie dachten, der Tag würde genauso verlaufen wie all die anderen dreihundertvierundsechzig Tage auch. Wir wissen nicht im Voraus, wann genau sich die Magie des Lebens nach einem Verlust wieder ereignet.

Sie werden den Moment erkennen.

Das Leben leuchtet sein Licht in die Finsternis des Herzens hinein. Mitten im wildesten Sturm entsteht ein Moment des Friedens. Nur so werden Sie glauben, dass das Leben eine Kehrtwende machen, Sie anschauen und Ihnen wieder zulächeln wird. Nur so werden Sie sich überzeugen lassen, dass das Leben Sie überraschen und in einen totalen Neuanfang katapultieren kann.

Es ist erstaunlich, wie wir mitunter sogar aus der tiefsten Trauer ins Leben katapultiert werden.

Die Trauer stellt dem Leben einen unglaublich großen Raum bereit. Was Sie als Leere empfinden, ist in Wahrheit das *neue Zuhause des Lebens,* und was Sie als Einsamkeit empfinden, ist die Sehnsucht, das Leben wieder an die Hand zu nehmen.

Bereiten Sie sich also auf Überraschendes vor, wenn Sie die fünf Stufen des Neustarter-Übungsprogramms lesen und durcharbeiten. Bereiten Sie sich vor und lassen Sie sich von der Startrampe überraschen, die Sie sich unter Ihren Füßen errichten. Ich wünsche Ihnen, dass sich die Leere Ihres Herzens mit der großartigen Fähigkeit des Lebens füllen möge, Ihnen Freude zu bereiten, wenn Sie es am wenigsten erwarten.

Atmen Sie Freude und machen Sie sich nun auf den Weg … zu Ihrem Neustart.

Kapitel 3

Neustarter-Übungsprogramm, erste Stufe: Bestandsaufnahme

Es gibt da eine Tür im Raum deiner Trauer.
Den Schlüssel dazu hast du.
Schließe sie auf.

Wenn es ums Trauern geht, ist es egal, wo man herkommt oder welche Hautfarbe man hat.

Es ist egal, wie alt man ist, wie viele Geliebte man gehabt hat oder noch immer hat oder wie viele oder wie wenige Fehler man meint, gemacht zu haben.

Trauer ist Trauer.

Ihre Religion ist mir egal.

Mir ist egal, ob Sie arm sind oder reich.

Mir ist egal, ob Sie beliebt sind oder nicht.

Wichtig ist mir, dass Sie morgens aufwachen und die Person anlächeln, die Ihnen im Spiegel entgegensieht, selbst wenn Ihnen die Trauer sagt, dass Sie es bleiben lassen sollen.

Wichtig ist mir, dass Sie freundlich zu sich selbst sind und Ihr Bestes tun, um sich Hoffnung zu geben, auch wenn sich gerade alles so anfühlt, als gäbe es keine Hoffnung mehr – und ganz besonders dann, wenn die Trauer Sie dazu anhält, überaktiv zu sein.

Wichtig ist mir, dass Sie Zeit mit sich allein verbringen, sich ein neues Leben vorstellen und davon träumen, wie es aussehen könnte. Egal wie viel Sie verloren haben oder wie viele Ihrer Träume zerstört wurden – bitte erinnern Sie sich daran, dass Sie weiterträumen können.

Und ganz besonders wichtig ist mir, dass Ihr Herz weiterhin und trotz Ihres Verlustes lebendig schlägt – egal in welchen Verhältnissen Sie leben, wie hoch Ihr Vermögen oder die Liste Ihrer Errungenschaften ist.

Ihrem Herzen sind all die Fehler und Verluste egal, ebenso die Sprache, die Sie sprechen, oder wer Ihre Familie ist. Ihr Herz möchte nur eines wissen: ob es sich auf den nächsten Herzschlag, der ihm frisches Blut zuführt, und auf den nächsten Atemzug verlassen kann. In diesem Augenblick wollen Sie sich nur ein winziges bisschen lebendiger fühlen. Sie wollen überleben.

Zu überleben ist notwendig und gut – so viel Schmerz zu empfinden, wie Sie es jetzt tun, dagegen nicht.

Kennen Sie das Gefühl, wenn Sie jemandem helfen, der Sie braucht?

Können Sie sich daran erinnern, wie Sie einmal jemanden aufgemuntert haben?

Genau diese Art von Mitgefühl bitte ich Sie jetzt, sich selbst zu schenken.

Bestätigung bekommen

Bei meiner Arbeit mit Klienten und auf meiner Reise durch meine eigene Trauer habe ich festgestellt, dass wir ohne Bestätigung und Anerkennung nicht heilen können. Unsere trauernden Herzen brauchen es, dass wir Bestätigung für unseren Schmerz bekommen. Wenn das nicht passiert, stellen wir weiterhin unseren Schmerz, unseren Verlust und uns selbst in Frage. Außerdem bestehen dann unsere verwirrten und unsicheren Gefühle hinsichtlich dessen fort, was vor und während des Verlustes eigentlich vor sich gegangen ist. Die Geschichte unserer Trauer wirkt weiter.

Solange die Geschichte unserer Trauer lebt, suchen wir überall nach Anerkennung dafür, anstatt uns auf die Gestaltung unserer Zukunft zu konzentrieren. Wenn wir jemand Neues kennenlernen, sorgen wir dafür, dass er oder sie erfährt, was wir verloren haben und warum wir aufgrund unserer Trauer anders sind. Unsere Identität knüpft sich an die Gedanken, die sich aufgrund der Trauer in unserem Verstand gebildet haben.

Auf meiner Facebook-Seite *Second Firsts*, die Tausende von Lebensstartern täglich besuchen, fordere ich die Leute immer wieder auf, ihren Verlust zu beschreiben und mir zu erzählen, wer sie sind. Von allen Mitteilungen, die ich poste, erhalte ich darauf die meisten Antworten. Viele schreiben mir in ihren Kommentaren in aller Ausführlichkeit, was sie alles durchlitten und wen sie verloren haben. Es folgt eine endlose Latte an Kommentaren, denn die Menschen finden hier Bestätigung wie nirgendwo sonst. Sie zeigen einen Teil von sich, der bis zu dieser Einladung, sich mitzuteilen, verborgen geblieben war.

Es ist wichtig für uns, dass jemand sieht, was wir sehen und woran wir uns erinnern, damit wir mehr Klarheit über die Geschehnisse in der Vergangenheit gewinnen können. Dies hilft uns zu verstehen, warum Verlust eigentlich so sehr schmerzt. Es fühlt sich gut an, gesehen, gehört und verstanden zu werden. Jeder von uns verdient Anerkennung für seine Verluste.

Und diese Anerkennung soll Ihnen jetzt zuteilwerden.

Sie haben einen schlimmen Verlust erlitten.

Sie haben eine Katastrophe hinter sich.

Sie sind traurig.

Sie sind wütend.
Ich höre Sie. Ich erkenne Sie.
Ich sehe Sie.
Ich sehe mich in Ihnen.
Und ich weiß, dass Sie sich in mir sehen.

Ihr Verlust war ein wirklicher, einschneidender Verlust. Er hat Sie umgeworfen. Er hat Sie zerbrochen. Er hat Sie in die Knie gezwungen. Ich weiß, dass er das getan hat. Ich weiß, dass Sie nur mit Müh und Not überlebt haben. Aber zum Glück haben Sie das. Ihr Leben ist trotz Ihres Verlustes und trotz Ihres Traumas weitergegangen. Es führt Sie in die Gegenwart, genau hierher zu diesem Augenblick, in dem Sie nun beschließen können, sich selbst zu bestätigen und ein wenig Kontrolle zurückzugewinnen.

Was meine ich in diesem Zusammenhang mit »sich selbst bestätigen«? Ich meine damit: die Wahrheit des eigenen Schmerzes anzuerkennen. Hören Sie, was er zu sagen hat, und lassen Sie ihn seine Wahrheit aussprechen. Nehmen Sie Ihre Gedankenmuster wahr und entdecken Sie, wie Ihre Überzeugungen Ihr Leben gestalten. Das könnte sich so anfühlen, als würden Sie alte Kleiderschränke ausmisten, die jahrelang verschlossen waren.

Als jemand, der selbst einen Verlust durchlebt hat, bin ich gerne bereit, Ihnen zu helfen, Ihre derzeitigen Erfahrungen besser zu verstehen. Was Sie in diesem Stadium der Trauer vor allem wissen müssen, ist die erstaunliche Tatsache, dass es viele Menschen gibt, die mitunter jahrelang aktiv trauern, bloß weil sie ihren Verlust nicht gebührend anerkennen. Dies verwirrt das Gehirn, das mit dem Widerspruch zu kämpfen hat zwischen der Verlusterfahrung im Innern und dem Leben draußen, das immer weitergeht.

Diese Widersprüche in uns können wir lösen, wenn wir uns zwei Dinge vergegenwärtigen.

Erstens: Vergegenwärtigen Sie sich Ihre Gefühle und Überzeugungen. Der Boden Ihres alten Lebens ist Ihnen unter den Füßen weggezogen worden, und wahrscheinlich wissen Sie gar nicht, wo Sie jetzt stehen. Verlust kann schreckliche Ungewissheit nach sich ziehen, denn vieles von dem, wie wir uns selbst definieren, stammt aus unseren Beziehungen und den Rollen, die wir einnehmen: als Ehefrau/Ehemann, Mutter/Vater und so weiter. Ihre Ehe ist vorbei, also sind auch Sie und Ihr Leben anders. Sollten Sie sich gerade unsicher fühlen, ist Ihr Vertrauen vermutlich ebenfalls erschüttert.

Womöglich haben Sie das Gefühl, dass Ihr Leben aus den Fugen geraten ist. Ehrlich gesagt, ist das nach all dem, was Sie erlitten haben, überhaupt nicht anders zu erwarten. Nach einer schweren Verlusterfahrung ist es ganz normal, wenn man sich, von Schmerz und Kummer überflutet, lethargisch und desorientiert fühlt. Das Trauma des Verlustes und das daraus folgende Zusammenbrechen jeglicher Alltagsroutine führen leicht dazu, dass alles durcheinandergerät und Erinnerungen an frühere Kämpfe, Schwierigkeiten und Misserfolge hochkommen, darunter auch mangelnder Glaube an die eigenen Fähigkeiten und mangelnde Wertschätzung der eigenen Person. All diese Dinge anzuerkennen ist wesentlicher Bestandteil des Prozesses, die eigene Erfahrung zu bestätigen – es geht darum, die volle Wahrheit dessen zu sehen, was uns widerfahren ist.

Und zweitens müssen Sie sich klarmachen, wie Ihr Alltag in diesem Moment tatsächlich beschaffen ist. Nehmen Sie dazu eine Bestandsaufnahme Ihrer Wirklichkeit vor. Selbst wenn sie traurig oder scheußlich ausfallen sollte, so ist das eben die Wahrheit. Womöglich weinen Sie fünf

Stunden am Tag. Womöglich sind Ihre Küchenschränke und Ihr Kühlschrank leer, weil Sie seit einem Monat nicht mehr richtig eingekauft haben. Womöglich weigern Sie sich, ans Telefon zu gehen, und isolieren sich von Ihren Freunden und der Familie. Wie auch immer die Wahrheit aussehen mag, Sie können damit arbeiten. Von nun an wird Ihnen diese Panorama-Aufnahme Ihres Lebens als Grundlage dienen, an der Sie Ihre Fortschritte messen können. Sie werden wissen, dass Sie bereits Fortschritte auf Ihrem Weg zurück ins Leben gemacht haben, wenn Sie zum Beispiel nur noch zwei Stunden am Tag weinen oder jedes dritte Mal ans Telefon gehen, wenn es klingelt.

Die beste Art und Weise, wieder in der Wirklichkeit anzukommen, besteht in der Anerkennung der eigenen Gefühle und Überzeugungen.

Georgia bekommt Bestätigung

Wie sehr Selbstbestätigung einem Menschen in seinem Heilungsprozess nach einer Verlusterfahrung zu helfen vermag, erlebte ich zum ersten Mal bei Georgia, die ihre kürzlich erfolgte Scheidung betrauerte. Tatsächlich hatte sie schon viele Verluste in ihrem Leben erfahren, darunter den Verlust ihrer Unschuld durch Kindesmissbrauch und den Verlust eines Bruders, der im Krieg im Irak gefallen war. Diese Verluste betrauerte sie ebenso wie das Ende ihrer Ehe. Eines Morgens erhielt ich in der Früh einen Anruf von Georgia. Sie bat mich um eine Notsitzung, da sie mir »etwas sehr Wichtiges« mitzuteilen habe. Ich bot ihr sofort einen Termin an.

Als sie mein Büro betrat, hatte sie es sichtlich eilig, mir einige unerwartete Ereignisse mitzuteilen. Sie setzte sich hastig auf einen weißen Ledersessel, zog Mantel und

Schal aus und legte sie neben sich auf den Boden. Bereit, zuzuhören und wie gewohnt Notizen zu machen, nahm ich auf dem Stuhl ihr gegenüber Platz. Doch dann begann sie zu meinem Erstaunen von Menschen zu erzählen, von denen in den Sitzungen davor nie die Rede gewesen war, und Vorfälle zu beschreiben, die vor langer Zeit geschehen waren. Ohne jegliche Anzeichen von emotionalem Stress erzählte sie die Geschehnisse so, als hätten sie sich erst gestern ereignet.

Nach fünf Minuten war mir klar, dass sie versuchte, sich mit einem Schlag von all diesen Erfahrungen zu befreien, da sie ihr Leben beeinträchtigten. Sie hatte sie lange unterdrückt, und nun entwirrten wir die ganze Kette ihrer Verluste gemeinsam; plötzlich kamen sie alle ans Tageslicht. Es war, als wollten diese Ereignisse *selbst* gehört werden. Da ich spürte, wie wichtig dieser Prozess war, ließ ich Georgia fast eine Stunde lang ununterbrochen reden. Als sie schließlich ein wenig atemlos innehielt, fragte ich sie: »Wie konnten Sie so lange mit der Last all dieser Erlebnisse leben?«

Sie brach in Tränen aus und antwortete: »Es war sehr schwer.«

»Was meinen Sie, warum haben Sie so lange damit gelebt?«

»Niemand hat meinen Schmerz oder Verlust je anerkannt.«

»Sie sind doch eigentlich hergekommen, um mir etwas mitzuteilen, das sich gestern ereignet hat. Haben Sie überhaupt schon damit angefangen?«

»Nein.«

Einen Augenblick lang ließen wir beide diese Erkenntnis nachwirken. Dann fragte ich: »Wie wäre es, wenn Sie selbst Ihre Lebenserfahrung würdigen würden, bevor Sie Bestätigung von außen suchen?«

»Ich weiß nicht.«

»Da haben Sie nun den Großteil dieser Sitzung damit verbracht, über die Vergangenheit zu sprechen. Was soll jetzt aus Ihrem aktuellen Problem werden? Wer soll sich darum kümmern, wenn nicht Sie selbst?« Diese Frage verblüffte Georgia. Zum ersten Mal wurde ihr bewusst, wie viel ihre unbewusste Trauer ihr abverlangte. Sie hinderte sie daran, die Gegenwart zu leben.

Irgendwann hatte sie sich passiv einem Überlebensmodus überlassen. In der Überzeugung, dass es für sie diese Gewohnheit nun zu durchbrechen galt, gab ich ihr für die Zeit bis zu unserem nächsten Treffen eine Hausaufgabe. Ich bat sie, gewissermaßen einen »Trauercheck« vorzunehmen und alles, was ihr zu ihrem Schmerz einfiel, in ein Tagebuch zu schreiben, um sich den Kopf frei zu machen und über Themen nachdenken zu können, die in ihrer Gegenwart von Bedeutung waren. Meine Hoffnung war, dass sie dies als Chance nutzen würde, wieder Verbindung zu sich selbst aufzunehmen und sich auf das zu besinnen, was ihr wichtig war. Bevor sie irgendwelche Entscheidungen bezüglich ihrer Zukunft würde treffen können, musste sie diesen Schritt tun.

Die eigene Trauer zu würdigen war für Georgia ein erster, dringend erforderlicher Schritt auf ihrem Weg zurück ins Leben. Und tatsächlich war er so wirkungsvoll, dass sie bereits in unserer darauffolgenden Sitzung in der Lage war, wichtige Entscheidungen zu treffen.

Viele Menschen entdecken wie Georgia, dass sie sich selbst Bestätigung schenken können. Andere bemerken dabei vielleicht, dass sie sich außerdem noch nach der Anerkennung einer bestimmten Person wie etwa eines Verwandten, des Ehepartners, eines Bruders oder einer Schwester sehnen. Allein dieses Wissen macht es möglich, darum zu bitten und dann weiterzugehen – selbst wenn sie diese Anerkennung schließlich doch nicht erhalten. Die eigenen Bedürfnisse zu kennen eröffnet neue Optionen.

Wenn Sie also eine traumatische Verlusterfahrung durchgemacht haben und vermeiden wollen, für den Rest Ihres Lebens in der Trauer gefangen zu bleiben, werden Sie sich Ihre Trauer irgendwann vergegenwärtigen und die Wahrheit dieser Trauer zu sich sprechen lassen müssen. Trauer, die nicht sein darf und keine Stimme bekommt, wird Ihr Denken immer wieder beeinträchtigen und Ihr Verhalten bestimmen. Der Trauercheck ist eine gute Möglichkeit, auf ihre Stimme zu hören.

Der Trauercheck

Mit dem Trauercheck würdigen wir die Trauer und können Schmerz loslassen, an dem wir bislang festgehalten haben. Diese Transformationsübung verlangt Ihnen ein wenig Konzentration und Zeit ab, aber ich verspreche Ihnen, dass Sie danach in der Lage sein werden, sich langsam wieder auf den Weg nach vorne zu machen.

Was Sie brauchen, ist zunächst ein großes, leeres Notizbuch. Falls Sie lieber tippen, als per Hand zu schreiben, können Sie sich auch ein Dokument auf dem PC einrichten, dem Sie einen so leicht zu behaltenden Namen geben sollten wie »Mein Trauermuster«.

Schlagen Sie nun Ihren Kalender oder Terminplaner auf und tragen Sie sich für eine ganze Woche täglich ein Zeitfenster von dreißig Minuten ein. Betrachten Sie diese Zeitfenster als *heilig*. In dieser Woche widmen Sie Ihrer Trauer die Aufmerksamkeit, die sie dringend benötigt, damit Sie sich Ihr Leben zurückerobern können.

Hier nun der Leitfaden für Ihre sieben Termine mit dem Trauercheck:

- Suchen Sie sich einen Ort, an dem Sie es sich bequem machen können und wo Sie ungestört sind. Nehmen Sie ein paar tiefe, langsame Atemzüge und lassen Sie dabei die Spannungen in Ihrem Körper los, so gut es geht.
- Stellen Sie nun die Frage: »Liebe Trauer, magst du dich zeigen und mit mir sprechen?«
- Beobachten Sie jede Form von Widerstand gegen diese Frage. Notieren Sie in Ihrem Tagebuch die Stärke Ihres Widerstandes gegen das Freigeben der Trauer. Tun Sie dies auf einer Skala von eins bis zehn, wobei die Eins extremes Unwohlsein angesichts der Frage, die Zehn hingegen Wohlbefinden ausdrückt.
- Lassen Sie nun jeden Widerstand gehen und erinnern Sie sich daran, warum Sie diese Übung machen müssen. Dieses »Warum« könnten Ihre Kinder sein oder Ihr Glück, Ihre Zukunft oder irgendein anderer, spezifischer und für Sie bedeutsamer Grund. Wiederholen Sie diesen Schritt, bis Sie sich wirklich wohl fühlen mit der Frage: »Liebe Trauer, magst du dich zeigen und mit mir sprechen?«
- Stellen Sie sich die Frage noch einmal, sobald Sie keinerlei Widerstand mehr spüren. Dieses Mal werden Sie Raum haben, anders zu denken und zu fühlen. Notieren Sie sogleich den ersten Gedanken oder das erste Gefühl, das auftaucht. Konnte die Trauer es kaum abwarten, sich zu zeigen, oder hält sie sich eher bedeckt?
- Schreiben Sie die nächste halbe Stunde alles auf, was in Ihrem Bewusstsein auftaucht, ohne es in irgendeiner Weise zu ordnen. Dokumentieren Sie alles, was die

Trauer äußern will. Lassen Sie Ihre Hand uneingeschränkt aufschreiben, was Ihr Geist sagt.

- Erleben Sie irgendwelche Überraschungen bei dem, was die Trauer Ihnen erzählt? Notieren Sie es. Nehmen Sie auch wahr, ob sich bestimmte Wörter wiederholen. Halten Sie nach Gefühlsmustern Ausschau. Schreiben Sie diese Worte in einem Extrateil Ihres Notizbuches auf.
- Beobachten Sie während des Schreibens Ihren Körper. Nehmen Sie irgendwo eine Enge oder Starre wahr? Wenn ja, dann rekeln und strecken Sie sich, um Ihr Unbehagen zu beheben. Auch wenn Sie jetzt der Trauer erlauben, sich zu äußern, sollte sich Ihr Körper dabei wohl fühlen. Wenn unterdrückte Gefühle an die Oberfläche kommen, kann jedoch durchaus einmal körperlicher Schmerz auftreten.
- Nehmen Sie sich zum Abschluss ein wenig Zeit, Ihre Gefühle wahrzunehmen. Halten Sie sie auf Papier fest, bevor Sie wieder in Ihren Alltag zurückkehren. Schenken Sie dem alten Trauermuster keine Aufmerksamkeit mehr, sondern seien Sie sich der neuen Gefühle bewusst, die jetzt da sind. Mit diesem Bewusstsein können Sie Ihr künftiges Leben gestalten.
- Nachdem Sie nun die Wirklichkeit Ihrer Trauer gewürdigt haben, sollte die Abschlussfrage lauten: »Was ist mir heute an meinem Verlust das Allerwichtigste, das ich wirklich von anderen Menschen (oder einer bestimmten Person) anerkannt wissen möchte?« Schreiben Sie Ihre Antwort auf.

  Bitte beachten Sie, dass Sie diese Anerkennung noch von niemandem real einzufordern brauchen. Bevor Sie anderen damit gegenübertreten, müssen Sie sich nämlich ganz sicher sein, was genau Sie eigentlich anerkannt haben möchten. Im Moment ist es wichtiger, dass Sie sich selbst Anerkennung für die neuen Gefühle und Gedanken schenken können, die gerade hochkommen.

Viele Menschen vermeiden es, über ihre Trauer nachzudenken, denn sie haben Angst vor dem Schmerz. Dabei ist ihnen nicht bewusst, dass ein Großteil des Schmerzes, den sie empfinden, aus ihrem Widerstand gegen die Trauer rührt. Nachdem sie diese Übung mehrere Tage hintereinander ausgeführt haben, berichten sie, dass der Schmerz nachlässt und sie sich allmählich erleichtert fühlen. Ich habe sogar Leute erlebt, die sagten, dass es sich richtig gut anfühle, Trauer zu erfahren.

Ich empfehle Ihnen diesen Prozess, denn es ist wichtig, dass Sie Ihre Trauer selbst in die Hand nehmen. Wenn Sie Ihren Verlust wirklich voll und ganz durchleben und angemessen würdigen, schaffen Sie sich geistig einen Raum, in dem Sie vorsichtig beginnen können, sich eine Zeit nach dem Verlust vorzustellen.

Die Endlosschleife der Trauer

Die Neurowissenschaft bestätigt, dass wir in der Zeit nach einem Verlust am verletzlichsten sind und uns so schlecht fühlen wie sonst nie. Der Verlust unserer alten Identität verwirrt uns und macht uns Angst vor der Zukunft. Die Angstzentren im Gehirn sind aktiviert. Das heißt: Obwohl wir einen klaren Geist brauchen, um gute Entscheidungen treffen zu können, versucht das Gehirn, uns daran zu hindern, über das nachzudenken, was uns gerade geschieht. Wie Wissenschaftsjournalist David DiSalvo in *What Makes Your Brain Happy and Why You Should Do the Opposite* erklärt, ist dies eine der Abkürzungen, die das Gehirn gern nehmen möchte, doch sie führt in der Regel nicht in die richtige Richtung.[7]

Statt über unsere gegenwärtigen Umstände nachzudenken und gute Entscheidungen für eine bessere Zukunft zu treffen, versucht das trauernde Gehirn mit dem Verlust zurechtzukommen, indem es sich mit der Vergangenheit beschäftigt. Als Menschen tragen wir unsere individuellen Geschichten ins Gehirn eingeprägt mit uns herum. Vergangenheit, Gegenwart und Zukunft sind miteinander vermischt. Probleme bekommen wir, wenn die Traurigkeit, die ursprünglich als Trauerprozess begann, zu einem rituellen Muster wird, das die schmerzhaften Gedanken und Erinnerungen ständig neu abspult.

Haben Sie bemerkt, dass sich der Ort nicht ändert, den Sie im Geist aufsuchen? Dass die Geschichte, die Sie dort erleben, immer demselben Skript folgt und immer dasselbe Ende aufweist? Ich nenne diesen Ort und dieses Skript die *Endlosschleife der Trauer*. Es ist, als würde man mit einer Achterbahn fahren, aus der es kein Entrinnen gibt und auf der die letzte Runde stets ebenso schmerzt wie die erste. Aus diesem Grund ist es so wichtig, den Trauerkreislauf zu durchbrechen.

Während Ihres Trauerchecks haben Sie ersten Kontakt zu etwas aufgenommen, das ich als den Beobachter bezeichne – einen ruhigen und sehr weisen Anteil in Ihnen, der Ihre Gedanken objektiv – also ohne die normalerweise daran geknüpften Gefühle – zu betrachten vermag. Sie haben sich bewusst dafür entschieden, ein wenig Raum zwischen Ihren Schmerz und Ihr Leben treten zu lassen. Sie haben sich entschieden, Ihr Leben nicht durch die Brille der Trauer zu betrachten. Wenn man in der Lage ist, seine Gedanken und Gefühle zu beobachten, spürt man, dass man mehr Kontrolle über sein Leben gewinnt. Durch die Aktivierung des *inneren Beobachters* stellen Sie etwas Abstand zwischen sich und dem Schmerz her. Sie lernen, sich emotional von dem Schmerz zu lösen, und finden Wege, ihn zu heilen. Sobald Sie dazu in der Lage sind, lassen Sie sich nicht mehr von Verlust und Schmerz definieren.

In seinem Buch *Die Alchemie der Gefühle* beschreibt Daniel J. Siegel die Fähigkeit des Beobachters als »eine konzentrierte Aufmerksamkeit, die uns die inneren Abläufe des eigenen Geistes offenbart. Sie macht uns innere Prozesse bewusst, ohne dass wir uns von ihnen mitreißen lassen«.[8] Diese Fähigkeit mitten in der eigenen Trauer zu entwickeln ist von grundlegender Bedeutung für Ihre gegenwärtige und künftige emotionale Gesundheit. Sie brauchen Klarheit, damit Sie eine aktuelle Bestandsaufnahme Ihres Lebens vornehmen können, das womöglich gar nicht Ihrer Vorstellung entspricht. Es ist wichtig, die Wirklichkeit zu erfahren, ohne dass die Trauer ihren Schatten auf die Welt wirft. Selbst wenn sich der Verlust erst kürzlich ereignet hat, werden Sie durch reines Beobachten womöglich feststellen, dass Sie immer noch hin und wieder Momente wahrer Freude erleben. Überhaupt werden Sie vermutlich eine Menge Überraschendes entdecken, wenn Sie Ihren inneren Beobachter aktivieren und ihn Ihre Gedanken und Gefühle erforschen lassen.

Zunächst bekommen Sie vielleicht nur eine Ahnung von dem, was Ihr Beobachter alles kann. Später wird sich Ihre Fähigkeit stärken, Abstand zu nehmen und zu beobachten – eine Fähigkeit, die Sie dann jederzeit aktivieren können. Dies wird Ihnen helfen, die Endlosschleife der Trauer zu durchbrechen und die entsprechenden Nervenbahnen nicht noch weiter zu festigen.

Noch mag der Abstand zwischen Ihnen und Ihren Gedanken und Gefühlen so minimal sein, dass die ganze Welt in das Licht der Trauer getaucht scheint. Nach sieben Tagen Trauercheck werden Sie jedoch mit Ihrem Beobachter vertraut sein. Meine Klienten und die Teilnehmer an meinem Neustarter-Übungsprogramm haben beschrieben, dass sie sich nach dem Trauercheck klarer fühlten, und diese Klarheit wächst, je mehr sie ihren inneren Beobachter zu aktivieren vermögen. Klarheit ist eine wesentliche Voraussetzung dafür, dass wir nach einer Verlusterfahrung Entscheidungen für unser Leben treffen und neue Schritte tun können.

Den inneren Beobachter aktivieren

Für diese Übung benötigen Sie einen Stift und Papier. Suchen Sie sich einen gemütlichen und ruhigen Platz, an dem Sie eine Weile ungestört sein können, um sich mit den nachfolgenden sechs Fragen zu beschäftigen. Nehmen Sie sich einige Minuten Zeit, um Ihre Antworten aufzuschreiben.

Falls es Ihnen zu schwerfällt, die Übung allein zu machen, könnten Sie einen Freund oder eine Freundin bitten, Ihnen die Fragen zu stellen und Ihren Antworten zuzuhören.

Richtige oder falschen Antworten gibt es nicht. Was für Sie stimmt, zählt.

Frage 1: Welches ist dein allererster Gedanke, wenn du morgens aufwachst, und wie fühlst du dich bei diesem Gedanken?

Antwort (spontan): »Ich fühle …«

Frage 2: Wo im Körper ist das Gefühl lokalisiert, das du gerade beschrieben hast?

Antwort (spontan): »Das Gefühl ist in … lokalisiert.«

Frage 3: Gibt es ein Gefühl, das du gern stattdessen hättest?

Antwort (spontan): »Ich würde gern … fühlen.«

Frage 4: Was hättest du gern in deinem Leben, wenn du dieses neue Gefühl erlebst?

Antwort (spontan): »Ich hätte gern …«

Frage 5: Taucht, wenn du anerkennst, was du gern hättest, das Gefühl auf, dessen nicht würdig zu sein? Und falls ja, woher kommt es?

Antwort (spontan): »Das Gefühl, dass ich dessen nicht würdig bin, kommt von …«

Frage 6: Höchstwahrscheinlich entbehrt dein Gefühl des Nicht-würdig-Seins jeder Grundlage. Warum hast du verdient, was du gern hättest?

Antwort (spontan): »In Wirklichkeit verdiene ich es, weil …«

Die Aktivierung Ihres Beobachters wird zur Gewohnheit, wenn Sie diese Übung regelmäßig praktizieren. Das wiederum stärkt die Nervenbahnen, die Ihnen helfen, die Welt und Ihre Gefühle objektiv zu sehen. Und damit beginnt der Abschied von der Trauer.

Julies konkrete Bestandsaufnahme

Julie stieß auf das Neustarter-Übungsprogramm, nachdem ihr Mann sie wegen einer jüngeren Frau verlassen hatte. Ich erinnere mich noch an ihre Stimme, als sie beim ersten Mal über die Konferenzschaltung der Gruppe ihre Verlustgeschichte mitteilte. Julie klang ängstlich. Sie erzählte uns, dass sie ihren Mann Joe in der Schule kennengelernt habe. Kurz nach dem Schulabschluss war sie schwanger geworden, und sie hatten geheiratet. Sie wurde Vollzeitmutter, kümmerte sich also ausschließlich um ihre Tochter und den Haushalt. Joe arbeitete an der Tankstelle vor Ort. Viele Jahre lang schien in der Familie alles gut zu laufen, und Julie war sehr glücklich mit ihrem Mann.

Dann beschrieb sie, wie sie eines Tages von ihren Besorgungen nach Hause kam und ohne jede Vorwarnung einen Zettel von Joe auf dem Esstisch vorfand. Darauf stand, dass er die Scheidung wolle und nie mehr zurückkommen werde. Julie begann zu weinen, als sie zugab, wie sehr sie sich schämte und wie viel Angst sie jetzt vor einem Neubeginn hatte. An dieser Stelle unterbrach ich sie vorsichtig.

Jemanden, der in Tränen aufgelöst ist, zu unterbrechen ist eine heikle Angelegenheit, denn ich möchte natürlich nicht verletzend oder unhöflich sein. In diesem Fall hatte ich jedoch das Gefühl, dass Julie ganz in der Vergangenheit aufgegangen war. Ich wollte sie zurück in die Gegenwart holen, wo sie ihre Fähigkeit nutzen konnte, ihre Gedanken zu beobachten und somit die notwendige Klarheit über ihre Situation zu gewinnen.

Ich bat Julie, der Gruppe mitzuteilen, welches das häufigste Gefühl sei, mit dem sie morgens aufwache. Sie antwortete: »Schrecken.« Dann fragte ich sie, wo in ihrem Körper sie dieses Gefühl wahrnehme. Sie schien überrascht über meine Frage, wusste aber sofort die Antwort. »In meiner Brust«, sagte sie.

Daraufhin fragte ich, was für Gedanken ihr dieses Gefühl von Schrecken einflößten, und sie antwortete: »Die Gedanken, was meine Nachbarn und Freunde wohl gesagt haben, als sie herausfanden, dass sich Joe mit nichts weiter als einem Zettel auf dem Tisch von mir verabschiedet hat.« Sie sagte, sie schäme sich auch, wenn sie an die Kommentare der Freunde und Nachbarn denke.

»Waren Sie überrascht über Ihre Gedanken und Gefühle, als Sie uns Ihre Geschichte erzählt haben?«, fragte ich.

»Ich bin überrascht, weil ich gar nicht erwähnt habe, dass ich Joe vermisse oder zurückhaben will«, sagte sie. »Seit er gegangen ist, habe ich nach Wegen gesucht, um ihn zurückzugewinnen. Aber was er getan hat, ist einfach schrecklich. Kein Wunder, dass ich so traurig gewesen bin. Denn eigentlich will ich nur glücklich sein, wenn ich morgens aufwache.«

Als Julie sich ihre Gefühle bewusst machte, stellte sie fest, dass wir oft glauben, etwas unbedingt zu wollen, obwohl wir in Wirklichkeit völlig andere Wünsche haben. Der innere Beobachter kann uns behilflich sein, darüber Klarheit zu gewinnen. Deshalb ist die Fähigkeit, diesen Beobachter zu aktivieren, wenn wir ihn brauchen, auch so wichtig, um die Endlosschleife der Trauer zu durchbrechen.

Falls Sie im Augenblick viel Zeit in der Endlosschleife der Trauer verbringen sollten, könnte dies daran liegen, dass Sie an Ihrer Geschichte festhalten und sie nicht gehen lassen wollen. Das ist verständlich. Machen Sie sich jedoch klar, dass Sie sich mit dieser Verhaltensweise nicht wirklich mit Mitgefühl oder Selbstliebe begegnen. Es ist zwar in Ordnung zu trauern, aber es ist nicht in Ordnung, immer wieder dieselben mentalen Filme abzuspielen, die negative Gefühle und Überzeugungen auslösen. Deepak Chopra und Rudolph E. Tanzi schreiben in ihrem Buch *Super-Brain* sehr treffend, dass unser Gehirn immer auf unsere Gedanken lausche; es lerne durchs Zuhören. Wenn wir ihm Begrenzung beibrächten, werde das Gehirn letztlich begrenzt.[9]

Zum Glück ist es jedoch möglich, die eigene Vergangenheit aus einem völlig neuen Blickwinkel zu betrachten, indem man sich einfach traut, sich ein Stück weit aus den sich ständig wiederholenden Verlustgedanken herauszubegeben. Durch neue Denkansätze, neue Tätigkeiten und neues Wissen kann man die Endlosschleife der Trauer verlassen.

Hierzu müssen Sie wissen, dass wir unsere Erinnerungen nicht etwa verlieren, bloß weil wir nach dem Verlust wieder ein gutes Leben führen. An dem Tag, an dem wir akzeptieren, dass wir uns geändert haben, öffnet sich die Tür zu einem neuen Leben mit dem Potenzial, unsere ehrgeizigsten Träume zu übertreffen oder uns Träume zu erfüllen, die wir irgendwann in der Vergangenheit abgeschrieben hatten.

In dem Augenblick, in dem Sie sich darüber bewusst werden, wie anders Sie jetzt sind im Vergleich zu der Zeit vor Ihrem Verlust, werden Sie Ihre Versuche aufgeben, sich in das alte Leben einzupassen, und sich auch gedanklich nicht mehr damit beschäftigen. Sie werden dann schnell aus der Gegenwart in die Zukunft hineinwachsen.

Und die Vergangenheit verlässt Sie nicht.

Flaschenpost

Deine Trauer will nicht dein Leben beenden und deine Seele zerstören, sie ist dazu da, dich zurück ins Leben zu führen. Deine Trauer will dich nicht bestrafen, sie ist dazu da, dich das Leben zu lehren. Und dich zu befreien.

In Wahrheit sitzt die Trauer direkt neben deinem Leben. Die beiden sind eng befreundet, sie unterhalten sich über dich und all die anderen Trauernden auf die-

ser Welt. Das Leben beklagt sich, dass es nicht so viel Aufmerksamkeit erhält wie die Trauer, worauf Letztere antwortet: »Hab Geduld, mein Freund. Sobald sie bereit dazu sind, den Sprung in höhere Gefilde zu wagen, sobald sie das Gefühl haben, sie können mich loslassen und dir wieder vertrauen, werden sie schon kommen. Als sie bei dir waren, wurden sie verletzt. Erwartest du also wirklich, dass sie einfach so wieder auf die Beine kommen und schnurstracks zu dir zurücklaufen?«
Da wendet sich das Leben der Trauer zu und sagt mit einem Lächeln: »Meine liebe Trauer, weißt du eigentlich, mit wem du da sprichst? Ich bin das Leben. Ich bin die Essenz der Welt. Ich bin Medizin für die Kranken und Luft für die Lungen all der Seelen mit gebrochenem Herzen. Wenn sie wüssten, dass das Leben längst da ist und auf sie wartet, würden sie mich nie abweisen.«
Und nun meine Frage an dich: Wenn du wüsstest, dass sich dein Leben ganz nah bei deiner Trauer befindet – würdest du dann nicht seine Hand ergreifen und es noch einmal leben?

Mit Leben,
Christina

Werfen Sie einen 360-Grad-Blick auf Ihr Leben nach dem Verlust

Vielleicht denken und glauben Sie ja wirklich, dass sich Ihr neues Leben genau dort befindet, wo Sie gelandet sind, seit Sie aus Ihrem alten Leben herauskatapultiert wurden. Sollten Sie wie die meisten Menschen gestrickt sein, stimmt dies jedoch leider nicht. Viele bleiben nämlich im Warteraum stecken. Obwohl sie offensichtlich nicht wieder zurückgehen und nahtlos dort anknüpfen können, wo sie waren, schließen sie auch nicht die Tür hinter sich zu und sagen Adieu – und so bleiben sie an die Vergangenheit gekettet.

Falls Sie den Abschied von Ihrem alten Leben noch nicht bewusst vollzogen haben, sollten Sie darüber nachdenken, was an Ihrem Leben und Verhalten jetzt anders ist, und die Wirklichkeit Ihres Verlustes akzeptieren.

Auf den vergangenen Seiten schlug ich Ihnen zwei Übungen vor, anhand derer Sie eine Bestandsaufnahme Ihrer Gedanken und Gefühle vornehmen konnten. Jetzt möchte ich Sie bitten, die Gefühle beiseite zu lassen und diese Übung nun unter dem Aspekt Ihres Verhaltens zu machen.

Nehmen Sie also wieder Ihr Tagebuch zur Hand und suchen Sie sich einen ruhigen, gemütlichen Platz, an dem Sie es sich für etwa eine halbe Stunde bequem machen können. Beantworten Sie nun bitte folgende Fragen:

- Was haben Sie früher getan, das Sie heute nicht mehr tun?
- Was tun Sie heute, das Sie früher nicht taten?
- Wann haben Sie zum letzten Mal gelacht?
- Wann haben Sie zum letzten Mal geweint?
- Wann sind Sie das letzte Mal mit jemandem ausgegangen?
- Wann haben Sie das letzte Mal mit einem Freund telefoniert oder sich mit einer Freundin getroffen?
- Wann haben Sie das letzte Mal einen Witz erzählt?
- Wann sind Sie das letzte Mal an Ihrem Lieblingsort gewesen?
- Wann haben Sie sich zum letzten Mal richtig lebendig gefühlt und einen Augenblick in Ihrem Leben genossen – und bei welcher Gelegenheit war das?

- Was haben Sie bisher unternommen, um Ihr Leben neu zu beginnen? (Zählen Sie die einzelnen Aktivitäten auf.)
- Was ist anders an Ihnen und an den Menschen in Ihrem Umfeld? (Beschreiben Sie die Unterschiede ganz konkret.)
- Versuchen Sie immer noch, das Leben zu leben, das Sie einmal hatten?
- Welcher Teil von Ihnen befindet sich seit Ihrem Verlust unter Verschluss?
- Welcher Teil von Ihnen hat seit Ihrem Verlust die Führung übernommen?
- Haben Sie sich in letzter Zeit irgendwelchen Herausforderungen gestellt?
- Haben Sie seit Ihrem Verlust jeden Tag im selben Trott gelebt?
- Wie viel von Ihrer Zeit verbringen Sie damit, über Ihr Leben vor dem Verlust nachzudenken?

Im Augenblick ist es wichtig für Sie, sich der Art und Weise bewusst zu werden, wie Sie leben. In den kommenden Tagen wird sich etwas ändern. Vielleicht werden die Fragen Sie motivieren, neue Entscheidungen zu treffen. Abschließen sollten Sie die Übung mit den folgenden beiden Fragen:

- Was hat Sie am meisten überrascht an den Antworten, die Sie auf die obigen Fragen gegeben haben?
- Haben Sie etwas über Ihr Leben erfahren, das Ihnen bislang nicht bewusst war?

Die konkrete Bestandsaufnahme Ihres Lebens nach dem Verlust ist erst der Anfang einer langfristigen Verwandlung. Ich möchte Sie einladen, diese Übung in einem Monat noch einmal zu machen und zu schauen, ob sich etwas verändert hat. Schauen Sie, ob das Bewusstsein, wo Sie jetzt stehen, Ihnen erlaubt hat, Veränderungen vorzunehmen. Die Antworten auf diese Fragen können Sie auf Ihrer weiteren Reise anleiten.

Ein neues Leben wartet auf Sie

Trauer hat an der Entwicklung unserer Seele Anteil. Sie führt uns in Tiefen der Selbsterkenntnis, die ohne die Verlusterfahrung nicht möglich sind. Diese Tiefen erreichen wir vor allem dann, wenn wir durch unsere Beziehung mit dem inneren Beobachter den Nebel unserer Trauer beiseiteschieben und uns die schwierigen Fragen stellen, die ich Ihnen in der letzten Übung genannt habe. Wir brauchen nur einen Schimmer von dem Licht zu erhaschen, das durch den unglaublichen Schmerz einer schweren Verlusterfahrung aufscheint. Sind wir erst einmal in der Lage, das Leben hinter der Trauer und hinter unserer gegenwärtigen Wirklichkeit zu erkennen, dann übernimmt die Hoffnung die Führung. Genau wie beim Starten eines Motors kann die Kraft der Hoffnung und der Klarheit einen Ruck in unserem Leben bewirken, der uns plötzlich in Schwung bringt. Ein einziger Hoffnungsschimmer inmitten der Trauer kann für genau den Neubeginn genutzt werden, den wir uns vorstellen und an den wir glauben. Ein hoffnungsvoller Augenblick reicht oft aus zu erkennen, dass es möglich ist, auf die Beine zu kommen und wieder laufen und sprechen zu lernen.

Ich weiß, dass Ihnen dies im Moment vielleicht schwer vorstellbar ist, aber die Trauer kann eine Tür zu einem wunderbaren neuen Leben öffnen. Egal wie schrecklich die Erfahrung ist, die Sie hinter sich haben – Sie können wieder neu leben.

Als jemand, der Trauer erfahren hat, werden Sie entdecken, dass Ihr Herz oft selbst für die einfachsten Glücksmomente dankbar ist. Ihre Seele besitzt jetzt die Weisheit, die Bedeutungstiefe dieser Augenblicke zu begreifen. Wenn Sie allein dem Glauben die Tür öffnen, dass Sie Ihr Leben selbst in die Hand nehmen können, verspreche ich Ihnen, dass es Sie auf eine Reise führen wird, die zuvor nie möglich gewesen wäre. Allerdings müssen Sie dazu Ihren inneren Beobachter aktivieren und sich wirklich klarmachen, wo Sie stehen, damit Sie sich mit der Wahrheit über Ihr Leben nach dem Verlust konfrontieren können. Die richtigen Fragestellungen, die Aktivierung des inneren Beobachters und eine ehrliche Betrachtung des eigenen Lebens, durch die Sie entdecken, was Sie haben und was Sie sich wünschen, werden Ihnen einen guten Start für Ihre Reise zurück ins Leben bereiten. Bedenken Sie, dass die Endlosschleife der Trauer weiterlaufen will. Es liegt somit in Ihrer Verantwortung, immer wieder die Fragen zu stellen und sich selbst in diesem Prozess wertzuschätzen. Ganz wichtig ist dabei, jederzeit präsent und aufmerksam zu bleiben, indem Sie Ihre Trauer ansprechen, wenn sie Anerkennung braucht, und den inneren Beobachter dazu nutzen, die Wahrheit herauszufinden.

Flaschenpost

Ich habe mich immer selbst belogen. Meine Liste an Lügen wurde ziemlich lang, besonders in meiner Trauerzeit. Sie war schier endlos, und ich hatte das Gefühl, als würde ich ihr täglich mindestens zwei weitere Lügen hinzufügen.

Ich belog mich mit allem – selbst damit, dass ich in den Supermarkt ging, das Haus putzte, eine Verabredung einhielt, nicht wirklich für meine Kinder da war, meine Arbeit hasste … und so weiter. Meine allergrößte Lüge bestand jedoch darin, dass ich mir einredete, ich sei ein Opfer der Umstände. Je mehr Lügen ich anhäufte, desto passiver wurde ich dem Leben gegenüber.

Eines Tages begann ich mir ganz zufällig kleine Wahrheiten zu erzählen, also Sachen wie:

- *Vielleicht kann ich ja mal einen Ausflug mit den Mädchen unternehmen. Das kann doch nicht so schwer sein.*
- *Na gut, bloß ein Date – vielleicht ist der Typ ja gar nicht so übel.*
- *Ich sollte mich für die Stelle bewerben. Man kann doch nie wissen, vielleicht kriege ich sie sogar.*

Dann traten langsam Veränderungen ein. Kleine Wunder schlichen sich in meinen Alltag. Ich bekam die Stelle, das Date war schön, der Ausflug machte Spaß, und der Supermarkt lag eigentlich gar nicht so weit entfernt.

Ich lernte, dass ich mit dem Lügen aufhören und stattdessen anfangen musste, in meiner Wahrheit zu leben. Das fiel mir zunächst schwer. Je mehr ich mich jedoch darauf einließ, desto mehr lächelte das Leben mir zu.

Ich weiß, dass es auch dir nicht gleich ganz leichtfallen wird. Die Wahrheit zu sagen wird anfangs sogar sehr schwer sein. Es ist nämlich schwerer, sich die Wahrheit einzugestehen, als sich zu belügen und nichts zu tun.

Bleib dran. Bereite dich auf den Sturm vor.

Mach dich bereit, um dein Leben zu kämpfen.

Und mache dich für den allerwichtigsten Kampf bereit – den Kampf, ehrlich zu dir selbst zu sein und die

Komfortzone zu verlassen. Die Tür zur Wahrheit geht nicht von allein auf. Du wirst dich womöglich zwingen müssen, sie zu öffnen.
Ich will dich jetzt um etwas sehr Wichtiges bitten: Denk nicht zu viel über die Wahrheit nach, analysiere sie nicht, grüble nicht und rede nicht mit deinen Bekannten darüber. Sei einfach nur ehrlich.
Wenn du anfängst, dich durch die Augen deiner eigenen Wahrheit zu sehen, dann wirst du zu dem Rebellen, der du schon immer gewesen bist. Zu dem Krieger, den du in dir kennst. Zu dem Liebhaber, der zu sein du versprochen hast. Zum Macher und zum Kämpfer.
Zu einem Kämpfer für die Wahrheit.
Damit will ich nicht sagen, dass du dir nicht ab und an eine kleine Notlüge zugestehen darfst. Aber lass die Liste nicht so lang werden wie bei mir. Die Lügenliste ist eine Falle, die dich von deinen Träumen abhält und ewig in der Endlosschleife festhält.
Schreib dir deine Lügenliste auf. Zieh dann mitten auf der Seite eine senkrechte Linie und schreib die Liste deiner Wahrheiten rechts in die Spalte daneben.
Du kannst dir denken, für welche der beiden Listen ich mich entscheiden würde.

Mit Wahrheitsliebe und ein bisschen Wagemut grüßt dich
Christina

Kapitel 4

Neustarter-Übungsprogramm, zweite Stufe: Kontaktaufnahme

Obwohl äußerlich alles gleich aussieht, hat sich doch im Innern alles geändert. Wir zerbrechen. Wir brechen in zwei Teile auseinander.
Das ist die Dualität des Verlustes.

Wir empfinden den Neuanfang zunächst oft als schwierig, denn angesichts des vor uns liegenden Lebens haben wir viel Angst und hegen viele Zweifel. Wenn wir jemanden verlieren, zu dem wir eine Bindung hatten, geht uns auch die Orientierung völlig verloren. Das Gehirn interpretiert dann alles Neue und Unvorhergesehene als existenzielle Bedrohung. Es löst bereits beim kleinsten Unbehagen einen Kampf-Flucht-Impuls aus.

Sie wissen, wie das ist. Schon bei dem geringsten Anflug von Gefahr schlägt das Herz schneller, der Atem wird flach, und das Verdauungssystem schaltet sich herunter. Sie haben Stress. Womöglich ruft Ihnen nach einem schrecklichen Verlust die Angst sogar pausenlos zu, sich in Sicherheit zu bringen. Ich nenne diese Stimme der Angst Ihr Überlebens-Ich. Es schreit Sie an, weil es Sie beschützen will. Weil es Sie in Sicherheit bringen will vor der Welt. Ihr Alltag ist derart voller Panik, dass es Ihnen rät, sich eine Burg zu bauen, deren Tore mit dicken Schlössern versehen sind. Sind Sie schon bereit, nicht mehr auf Ihr Überlebens-Ich zu hören, Ihren Warteraum zu verlassen und das Leben zu betreten, das Sie erwartet? Ich könnte mir vorstellen, dass Sie es noch nicht einmal versuchen möchten.

Falls Sie es aber doch gern – zumindest zeitweise – ausprobieren wollen, werden Sie sich sicherlich wünschen, Sie könnten wieder anfangen zu leben, zu lachen und zu lieben – ohne all die Unsicherheit, Reue, Angst und Verwirrung, die damit einhergehen.

Ich höre Sie.

Geben Sie nicht auf, denn Hilfe ist bereits auf dem Weg.

In dieser zweiten Stufe werden Sie lernen, das angstbestimmte Zögern durch Handeln zu ersetzen, die Verwirrung durch Klarheit und das Warten durch Weitergehen. Ich werde Ihnen eine nachhaltige Technik für die Kontaktaufnahme mit dem Leben beibringen, die ganz einfach funktioniert. Mit ihr können Sie sich immer ein kleines bisschen mehr mit Ihrem neuen Leben verbinden, und zwar in einem Tempo, das Sie weder überfordert noch in Panik versetzt. Im Gegenteil, vielleicht wird Ihnen die Übung sogar Spaß machen.

Fünf Prozent für ein neues Leben

Verlust kann eine Katastrophe bedeuten für unser Leben, für unsere Seele und für unsere Identität. Nichtsdestotrotz hat dieses Ereignis zu einem bestimmten Zeitpunkt stattgefunden. Die Zeit, in der Sie jetzt leben, ist aber nicht *jener* Zeitpunkt damals. Damit Sie Ihren Warteraum verlassen können, werden Sie so intensiv wie möglich Kontakt mit Ihrem gegenwärtigen Leben aufnehmen müssen – selbst wenn »so viel wie möglich« vielleicht zunächst nur fünf Prozent ausmacht. Mit zunehmendem Abklingen Ihrer Trauer und gleichzeitigem Anwachsen Ihrer inneren Stärke wird sich die Prozentzahl erhöhen.

Wenn ich von fünf Prozent spreche, dann bedeutet dies, dass ich Sie nur um ein kleines bisschen Aufmerksamkeit, Energie und Zeit bitte; Sie sollten sich selbst ein wenig anstupsen, um das gewünschte Ergebnis zu erreichen. Gemeint sind also fünf Prozent Ihrer Aufmerksamkeit, fünf Prozent Ihrer Energie, fünf Prozent Ihrer Zeit und, was vielleicht am wichtigsten ist, fünf Prozent vom gewünschten Ergebnis. Dazu ein Beispiel: Sie möchten noch einmal heiraten, haben aber Angst, sich auf Partnersuche zu begeben. Ein fünfprozentiges Einklinken in die Partnersuche könnte darin bestehen, eine Stunde in einem Kaffee zu sitzen und ein Buch zu lesen oder sich in einer Kontaktbörse im Internet zu registrieren. Besagte fünf Prozent wären somit eine risikoarme, nicht aufwendige Aktion, bei der Ihrem Gehirn vermittelt wird, dass Sie in Sicherheit sind.

Sie müssen langsam, aber stetig positive Lebensbläschen in den Raum Ihrer Trauer pumpen, wenn Sie am Ende nicht nur Ihren Verlust überleben, sondern mehr vom Leben haben wollen. Wenn Sie einmal wieder glücklich sein wollen, und zwar so richtig rundum und *außergewöhnlich* glücklich, dann müssen Sie es angehen, wieder neu zu leben, zu lachen und zu lieben. Deshalb möchte ich Sie ermutigen, ab sofort aktiv kleine Schritte zu tun, durch die Sie an der Welt teilhaben. Diese Schritte sind *Verbindungsschritte*. Sie werden dafür sorgen, dass sich neue Nervenbahnen bilden können.

Dabei geht es nicht darum, »so zu tun, als ob«, bis Sie es wirklich schaffen. Solange Sie noch nicht wieder ganz ins Wasser des Lebens hineinspringen und schwimmen wollen, geht es eher um Gelegenheiten, einfach einmal den großen Zeh ins Wasser zu halten.

Bedenken Sie, dass es völlig natürlich ist, die Reise aus der Welt der Trauer zurück gar nicht erst antreten zu wollen. Sie widerspricht den Vorstellungen der Menschen in unserem Umfeld, die uns vermitteln, dass wir verletzt sind, uns zurückziehen und so lange stillhalten sollen, bis der Schmerz aufgehört hat.

Selbst wenn wir nur kleine Schritte tun, um uns wieder mit dem Leben zu verbinden, kann das schnell zu Frustration und Wut über diesen ungewollten Übergang vom alten ins neue Leben führen. Ist unser Leben von Trauer bestimmt, fühlt sich alles, was wir tun, schwerer, langsamer und schmerzhafter an als sonst.

Das Gehirn suggeriert uns, wir sollen Angst haben. Es sagt: »Und was ist, wenn ich noch einmal verletzt werde?«

Das Herz ist noch nicht bereit, wieder zu lieben oder den Verlustschmerz gehen zu lassen. Es sagt: »Ich will keinen anderen lieben.«

Die Trauer sagt: »Die Lage ist hoffnungslos.«

Die Lage ist jedoch nicht hoffnungslos, sie ist einfach nur hart.

Manchmal funktionieren diese Verbindungsschritte sofort, manchmal auch nicht. Manchmal zeigen sie uns tiefere Verletzungen auf, die wir bislang verleugnet haben. Manchmal öffnen sie uns die Augen für Chancen, die wir vorher nie wahrgenommen hatten. Wichtig ist, dass sie uns helfen, uns wieder mit dem Leben zu verbinden und einen Augenblick lang aus der Trauer herauszutreten. Fangen Sie also klein an – mit fünf Prozent.

Der Weg aus dem Warteraum

Am Anfang fühlt sich die Kontaktaufnahme mit dem neuen Leben oft an, als wären Sie in einem 3-D-Kino. Mit jedem Verbindungsschritt geben Sie sich eine klitzekleine Kostprobe von etwas, das Sie noch nicht kannten oder jedenfalls schon lange nicht mehr erlebt haben. Es kann durchaus sein, dass Sie, nachdem Sie zum ersten Mal seit langem gelacht haben, plötzlich unkontrolliert losschluchzen. Vielleicht sind Sie schockiert, wenn Sie bei einer Begegnung mit einer neuen Person Ihr Herz schneller schlagen fühlen. Womöglich werden Ihnen die Hände feucht wie als Teenager und Sie wünschen sich nach Hause unter die warme Bettdecke. Der Geschmack von Leben nach einer Verlusterfahrung kann sich wunderbar, aber auch überaus unbequem anfühlen.

Das ist nicht anders zu erwarten. Schließlich fürchten sich auch Menschen ohne Verlusterfahrung vor dem Unbekannten. Wie sehr muss es dann erst uns betreffen, die wir durch den Verlust die feste Überzeugung gewonnen haben, dass alles, was wir haben, mit einem Mal verschwinden kann. Während wir uns Gewohnheit um Gewohnheit und Routine um Routine mit unserem neuen Leben verbinden, kommen wir langsam, aber sicher in die Lage, die alten, gewohnheitsmäßigen Nervenbahnen im Gehirn zu verändern. Wir bilden neue Nervenbahnen aus, die unsere Verbindung zu dem neuen Leben stärken, das wir nach unserer Heilung gern leben möchten. Trauergewohnheiten sind stark, aber nicht unüberwindlich.

Je länger wir um einen Verlust getrauert haben, desto schwieriger gestaltet sich der Neubeginn. Dies ist einer der Gründe, warum ich von ganzem Herzen glaube, dass wir die Trauer und das Leben dazu einladen müssen, einander die Hand zu reichen. Wenn das Leben die Trauer nicht zurück zur Freude geleitet, werden wir sehr lange brauchen, um – wenn überhaupt – wieder dorthin zu gelangen.

Heute lade ich Sie dazu ein, die Tür Ihres Warteraums ein Stück weit zu öffnen und dazu den oben beschriebenen Kontaktaufnahme-Prozess zu nutzen. Nehmen Sie meine Hand und lassen Sie uns die Tür gemeinsam öffnen. Drehen Sie den Schlüssel nach links. Packen Sie die Türklinke und drücken Sie sie hinunter. Machen Sie einen Schritt. Und noch einen.

Immer sachte – Sie brauchen nichts zu überstürzen.

Wenn Sie mitten in Ihrem Trauerprozess versuchen, kleine Schritte hinaus ins Leben zu tun, können sich Hindernisse in Form von Zweifeln auftun wie: »Ist es eigentlich in Ordnung, mitten am Tag einen Ausflug zu machen, anstatt weinend im Bett zu liegen?« Derartige Zweifel werden Sie womöglich den ganzen Tag über förmlich anschreien, wenn Sie sich auch nur einen Tick über den Punkt hinausbewegen, an dem Sie sich noch wohl fühlen. Vergessen Sie nicht, in einem solchen Fall Ihren inneren Beobachter zu aktivieren. Zum Glück sind hier die Verbindungsschritte tatsächlich hilfreich. Wenn Ihnen Zweifel kommen und sich der Kampf-Flucht-Impuls mit seinen körperlichen Folgen meldet, tragen diese Schritte dazu bei, die Zweifel und körperlichen Symptome im Bereich des Überschaubaren zu halten. Fünfprozentige Verbindungsschritte sind einfache, aber wirksame Werkzeuge, die Sie auf den Weg zurück in ein wirklich gelebtes Leben bringen können.

Falls mehr im Moment nicht möglich sein sollte, wäre es auch schon völlig ausreichend, nur fünf Minuten am Tag zu üben oder eine Sache pro Tag zu tun, die Spaß macht. Da Sie ja nun wissen, dass Ihr Gehirn formbar ist, verstehen Sie, dass sich auf diese Weise in Ihrem Gehirn neuronale Netze ausbilden, die es Ihnen in gar nicht weiter Zukunft erleichtern werden, zum Beispiel zehn Minuten am Tag oder zweimal täglich etwas zu tun, das Ihnen Freude bereitet.

Mit jeder kleinen Kontaktaufnahme zum Leben setzen Sie Lebenssamen. In dem Moment, wenn die Intensität Ihrer Trauer nachlässt oder Sie sich ganz natürlich mehr zum Leben Ihrer Umgebung hingezogen fühlen, können Sie die Menge der Verbindungsschritte nach Bedarf steigern.

Ihr erster Verbindungsschritt

Womit könnten Sie beginnen? Der folgende, aus drei Teilen bestehende Prozess wird Ihnen eine Vorstellung vermitteln.

1. Was verursacht Ihnen den größten Frust, wenn Sie Ihr derzeitiges Leben betrachten? Es könnte eine Beziehung, Ihre Arbeit oder auch etwas in Ihrem häuslichen Umfeld sein.
2. Was könnten Sie tun, um dieses Problem zu lösen oder sich den Wunsch zu erfüllen? (Bereiten Sie sich darauf vor, dass bei dem Gedanken, tatsächlich etwas zu tun, Widerstände in Form von Angst auftauchen können.)
3. Welches wäre der kleinste Schritt, den Sie jetzt ohne allzu viel Angst tun könnten, um der Lösung des Problems oder dem Ziel näher zu kommen? (Die Aktion sollte so klein sein, dass Sie im Fall eines Scheiterns sofort den Weg zurück in die Komfortzone finden.)

Sobald Sie diesen ersten winzigen Schritt identifiziert haben, der sich sicher genug für Sie anfühlt, haben Sie

Ihren ersten Verbindungsschritt gefunden. Dies ist eine fünfprozentige Aktion. Notieren Sie das eigentliche Ziel in Ihrem Tagebuch und setzen Sie dann Ihren ersten Schritt in die Tat um. Achten Sie darauf, dass Sie sich für eine realistische und machbare Kleinigkeit entscheiden.

Auch wenn die Aussicht vielleicht etwas Beängstigendes hat, fünf Prozent des Tages mit Dingen zu verbringen, die Ihnen Spaß machen, dürfen Sie auf keinen Fall weniger Zeitaufwand in Betracht ziehen. Es geht schließlich darum, die negativen Reaktionen auf Ihren Verlust mit Freude und anderen positiven Gefühlen auszubalancieren, damit Sie sich wieder mit dem Leben verbinden können.

Diese Stufe im Neustarter-Übungsprogramm soll Situationen herstellen, durch die Ihr Gehirn sein angstbestimmtes Standardprogramm loslassen kann. Obwohl solche Gelegenheiten Ihre Gefühle gegenüber dem Verlust nicht verändern werden, können sie Ihnen doch Stück für Stück helfen, mit der Gedanken- und Emotionsflut umzugehen, die sich aufgrund der Trauer über Sie ergießt.

Auch ein anderer Weg zur Arbeit könnte ein solcher Verbindungsschritt sein.

Bitte lachen Sie nicht, wenn ich Ihnen jetzt sage, dass es selbst etwas so Simples sein kann, wie die Möbel in der Wohnung umzustellen oder die Wände in einer anderen Farbe zu streichen. Sie würden staunen, welch einen Unterschied das ausmacht.

Lassen Sie sich das Haar kurz schneiden oder färben Sie es sich einmal anders als sonst.

Setzen Sie sich ins Auto und fahren Sie irgendwohin, wo Sie noch nie waren.

Egal, was Sie tun – solange es auch nur ein wenig anders ist als alles, was Sie je zuvor getan haben, wird es Sie zu weiteren Verbindungsschritten bringen. Eine Veränderung vorzunehmen, die der eigenen Kontrolle unterliegt, ist für Sie als Überlebender eines Verlustes ein Gewinn. Das Leben selbst hat ja bereits die größte Veränderung vollzogen. Jetzt sind Sie dabei, das alles zu integrieren. Solange Sie die Auswirkungen dieser Veränderungen in Ihrem Leben bewusst verarbeiten – und dazu gehört als unvermeidliche Folge auch die trauerbedingte Wut –, werden Sie wieder auf die Beine kommen.

Laurens allererster Verbindungsschritt

In meinem Neustarter-Übungsprogramm arbeite ich mit Gruppen von Personen, die bereits eine gewisse Zeit im Warteraum verbracht haben. Am Anfang sind sie schüchtern, still und sich ihres Verhaltens gar nicht bewusst. Also unterstütze ich sie zunächst darin zu erkennen, dass ihr aktuelles Leben nicht so toll ist, wie es sein könnte; es ist eben bloß ein Warteraum.

Das Bewusstsein darüber entsteht bald nach Beginn des Programms, denn was man bei sich selbst nicht zu erkennen vermag, sieht man bei den anderen Gruppenteilnehmern schnell – Gruppenarbeit ist etwas unglaublich Kraftvolles.

Eine Teilnehmerin war Lauren, eine Frau Anfang fünfzig. Sie hatte ihren Mann vor drei Jahren verloren und spürte die Auswirkungen der Trauer auf ihr Leben sehr deutlich. Sie wusste, dass sie noch im Übergang zwischen dem alten und dem neuen Leben steckt, und war von Angst beherrscht. Trotz ihres Wissens konnte sie sich nicht dazu überwinden, auch nur das mindeste zu tun, um ihr Versteck zu verlassen. Deshalb war sie von sich enttäuscht. Sie war nicht mehr die Frau von früher, aber auch noch nicht die Frau, die sie einmal werden konnte.

Während einer der Online-Konferenzschaltungen erzählte uns Lauren von ihrer Angst und ihrem eingefrorenen Zustand. Sie sagte uns, sie sehne sich nach Interaktion und Kommunikation mit anderen Menschen, habe aber gleichzeitig zu viel Angst davor, um irgendetwas in dieser Richtung zu unternehmen. Ihr Problem sei, dass sie sich vorstelle, die anderen könnten negativ auf sie reagieren, und sie wolle keine Zurückweisung riskieren.

Als ich sie um Beweise für die mögliche Ablehnung bat, antwortete sie, sie habe keine. Sie erwarte einfach, dass es so kommen werde. Mit anderen Worten: Sie nahm nur an, dass die anderen sie zurückweisen würden. Sie befand sich in der Endlosschleife der Trauer.

Der Tod ihres Mannes war für Lauren sehr plötzlich gekommen und traumatisch gewesen. Folglich interpretierte ihr Gehirn die Welt als Ort des Schmerzes, den es zu meiden galt. Es vermittelte ihr: »Wenn du rausgehst, um Kontakte zu knüpfen, werden dich die Leute zurückweisen.« Als sie erst einmal verstanden hatte, dass diese Überzeugung zum Standardprogramm ihres Gehirns geworden war, versprach sie, einen ersten Verbindungsschritt in Angriff zu nehmen. Sie ging zum Geburtstag einer Freundin, auf deren Einladung sie zunächst ablehnend reagiert hatte.

Bei der nächsten Konferenzschaltung eine Woche später erzählte Lauren dann, sie sei nicht nur einmal mit Freunden ausgegangen, sondern gleich dreimal! Die Begegnungen bei der Geburtstagsfeier waren so anders verlaufen als in ihren Angstprojektionen, dass diese Erfahrung ihr Denken verändert hatte. Nun begann sie darauf zu vertrauen, dass sie einen kleinen Schritt nach dem anderen tun und damit wieder in ein neues, glücklicheres Leben finden würde.

Die Wochen vergingen, und Lauren berichtete, dass sie jetzt regelmäßig gesellschaftlichen Umgang pflegte. Sie hatte sogar begonnen, sich nach einer neuen Arbeit umzuschauen. Die Befreiung aus der Isolation fühlte sich so gut an, dass sie sich nun um einen Job im Gastgewerbe bemühte, um einen Beruf mit sozialem Umfeld. Wochen zuvor hatte die erste Kontaktaufnahme mit dem Leben ihr erlaubt, sich ganz neu und anders zu erleben, als ihre Angst es ihr sonst diktiert hatte.

Meine ersten Verbindungsschritte

Meine schwierigsten Vorhaben nach dem Tod meines Mannes hatten mit dem Thema Männer und Liebe zu tun. Damals schien es mir fast ein Ding der Unmöglichkeit, auch nur eine erste Verabredung zu treffen, geschweige denn, jemandem zu begegnen, der mir eines Tages so viel bedeuten könnte wie mein verstorbener Mann. Ich erinnere mich, wie ich mich etliche Monate nach seinem Tod mit einem Mann zu einem Kaffee im nächsten Ort verabredet hatte. Das Herz wollte mir schier aus der Brust springen. Bevor ich aus dem Haus ging, begann die Schuld mich derartig anzuschreien, dass mir schlecht wurde. Ich musste mich buchstäblich hinsetzen und meine Entscheidung noch einmal überdenken.

Die Angst flüsterte mir zu: »Es ist noch viel zu früh. Du solltest nicht so egoistisch sein.«

Zweifel nagten an mir: »Ich habe doch für kleine Kinder zu sorgen, wieso will ich mich da schick machen und ausgehen? Wie kann ich es überhaupt wagen, an so etwas zu denken wie an mein eigenes Glück?«

Angewidert und klopfenden Herzens stand ich auf, um mich ausgehfertig zu machen. Die Angst folgte mir durchs ganze Haus. Sie suggerierte: »Leg dich doch einfach ins Bett und schau dir einen Film an. Du musst dich ausruhen, morgen ist wieder ein harter Tag.« Ich knallte der Stimme die Tür vor der Nase zu.

Mit dieser Antwort auf die innere Stimme des Zweifels tat ich mein Bestes, um aus der Angst aufzutauchen, an die ich mich so sehr gewöhnt hatte.

Damals hatte ich das Gefühl, als würde die ganze Welt eine Meinung vertreten, ob und wann es zu früh oder auch zu spät sei, mich an der Seite eines anderen Mannes sehen zu lassen. Ich erinnere mich, dass ich aus diesem Grund niemandem von dieser Verabredung erzählte. Sie war gewissermaßen Teil meiner geheimen Mission, *mich selbst* zurückzugewinnen. Ich wusste, dass ich mich aus der Gefangenschaft von Trauer, Scham und Schuld befreien musste, die mich Tag und Nacht umgeben hatten. Indem ich das Risiko auf mich nahm, mich für ein paar Stunden mit einem Mann zu treffen, gab ich mir die Chance, in mein neues Leben hineinzuwachsen.

Rückblickend war diese Verfahrensweise klug. Auch wenn mir jene Begegnung keinen Seelengefährten verschaffte, ja noch nicht einmal jemanden, mit dem ich hätte regelmäßig ausgehen können, so gab sie mir doch den Mut, den Warteraum zu verlassen und meinen inneren Beobachter zu aktivieren. Ich muss zugeben, dass es mir nicht leichtfiel, für diese Verabredung die richtige Kleidung auszuwählen. Je hübscher ich mich im Spiegel fand, desto lauter schrie die Stimme der Scham mich an. Ich schämte mich, gleichsam meinen Mann zu verlassen, ich schämte mich für meine Sehnsucht nach Liebe und Zuneigung. Aber ich beschloss an jenem Tag, nicht darauf zu hören, und so setzte ich mir emotionale Ohrstöpsel ein und wagte den Schritt hinaus in die Welt.

Und wann werden Sie Ihre Chance ergreifen und auf

Ihre geheime Mission gehen mit Ohrstöpseln, die Sie notfalls vor Ihrem inneren Kritiker schützen?

Ist Ihr erster Verbindungsschritt eine Verabredung, dann bedenken Sie Folgendes: Ein erstes Date muss nicht perfekt sein. Es muss für Sie nur momentan stimmen. Nicht in einem Jahr. Der perfekte Mann oder die perfekte Frau muss nur in diesem Augenblick perfekt sein.

Da wäre noch etwas, das Sie wissen müssen. Zum gegenwärtigen Zeitpunkt sollte die perfekte Person jemand sein, der Sie mehr mag als Sie ihn bzw. sie. Dieser Jemand muss Sie richtig toll finden, denn jedes Mal, wenn er oder sie Sie anschaut, wirkt das wie ein Spiegel, in den Sie hineinschauen. Was Ihr Gegenüber sieht, das sehen auch Sie. Zu Beginn Ihrer Reise zurück ins Leben ist es vor allem wichtig, dass Sie Ihr Selbstvertrauen zurückgewinnen. Und dafür ist es besser, sich nur die Füße nass zu machen und nicht gleich zu versuchen, einen Partner fürs Leben zu finden.

Ja, das haben Sie ganz richtig verstanden. Das Ziel einer Partnersuche nach einer Scheidung, einem Todesfall oder einer Trennung ist nicht, jemanden zu finden, in den man sich Hals über Kopf verliebt. Ziel ist es, sich geliebt oder gemocht oder auch ganz einfach angehimmelt zu fühlen. Sie sind schließlich dabei, sich neu zu definieren und wieder Kontakt zu Ihren Interessen und Wünschen aufzunehmen.

Mein erster schwieriger Verbindungsschritt brachte mir über ein Jahr danach eine neue große Liebe ein – meinen jetzigen Ehemann Eric. Mit diesem ersten und weiteren ähnlichen Dates bereitete ich mich langsam, aber sicher auf die Begegnung mit ihm vor. Nachdem ich über anderthalb Jahre ohne Erfolg auf Partnersuche gewesen war, ohne mich zu verlieben oder überhaupt auch nur das Geringste zu empfinden, geschah eines Montagabends etwas, das mich völlig überrumpelte.

Ich ging damals regelmäßig mit meinen Töchtern zu einer Betroffenengruppe für Kinder, die einen Elternteil verloren hatten. Wir verbrachten alle zwei Wochen jeweils etwa anderthalb Stunden in dieser »Kinderzimmer« genannten Einrichtung. Diese Abende taten den Mädchen einerseits gut, weil sie mit Gleichaltrigen zusammenkamen und Gefühle mit ihnen teilen konnten, die dringend Raum brauchten, andererseits waren diese Zusammenkünfte auch schwer, eben weil die Gefühle so stark waren. Wir Eltern nahmen unterdessen an einem eigenen Selbsthilfekreis teil.

An diesem speziellen Abend saß ich wieder auf demselben Stuhl wie immer, als jemand Neues in den Raum kam und neben mir Platz nahm. Es war ein Mann in meinem Alter. Nun gut, ich gebe ja zu, dass ich ihn gleich attraktiv fand. Zum ersten Mal seit unendlich langer Zeit begann mein Herz wieder schneller zu schlagen.

Dieser Mann war Eric.

Ich habe den Moment noch so klar vor Augen, als wäre es gestern gewesen. Als er mich beim Abschied anschaute und sagte: »Es war schön, Sie kennenzulernen.«, versuchte ich, cool und gefasst zu wirken. Während ich irgendeine Erwiderung murmelte, dachte ich: »Wahnsinn, bin ich nervös!« Und dann begann ich die Tage bis zum nächsten Gruppentreffen zu zählen, wo ich ihn wieder sehen würde. Ich erinnere mich, dass ich meinen Freundinnen von dem netten neuen Typen erzählte, der zu der Gruppe gestoßen war.

Drei Monate vergingen, ohne dass ich mit ihm mehr als ein Hallo und ein Auf Wiedersehen ausgetauscht hätte. Dann beschloss ich eines Abends, nachdem ich mit meinen Töchtern zurück nach Hause gekommen war, einen kleinen, aber entschieden mutigen Schritt zu tun, um ihn besser kennenlernen zu können.

Was ich Ihnen jetzt erzähle, habe ich ihm bis heute verschwiegen, weil ich befürchtete, er würde mich sonst gnadenlos hänseln. Aber Sie weihe ich jetzt ein: Ich schrieb eine E-Mail an die ganze Gruppe, in der ich vorschlug, man könnte doch einmal gemeinsam abends zum Essen ausgehen. Insgeheim hoffte ich, Eric würde ja sagen und sich der Gruppe anschließen, so dass ich ihn ein wenig besser kennenlernen konnte. Dies war der für mich sicherste Weg, um mit ihm Kontakt aufzunehmen.

Was meinen Sie, wer innerhalb weniger Sekunden auf meine E-Mail antwortete? Es war Eric. Er schrieb, er habe große Lust zu der Unternehmung.

Noch am selben Abend mailten wir mehrmals hin und zurück, was schließlich damit endete, dass wir beide uns am Wochenende zum Kino verabredeten.

Wenn wir die E-Mail an die Gruppe als meinen ersten Verbindungsschritt zu Eric zählen wollen, dann war unser erstes Date also eigentlich mein zweiter. Die Aussicht, mich allein mit ihm zu treffen, war entsetzlich nervenaufreibend für mich, denn ich mochte ihn wirklich sehr. Drei Monate lang waren wir uns im Rahmen des Gruppentreffs begegnet, und jetzt würden wir zusammen essen und ins Kino gehen. Was könnte passieren? Würde es so wunderbar werden, wie ich es mir erhoffte?

Ich hatte so viele Schmetterlinge im Bauch, dass ich schon zwei Tage vor unserem Treffen den Appetit verlor. Dann war es endlich so weit, und wir verbrachten einen wunderschönen Abend miteinander. Wir lachten und unterhielten uns und verstanden uns richtig gut. Bevor wir auseinandergingen, bat mich Eric um ein zweites Date, und ich sagte ja.

Das zweite Date ist meiner Meinung nach oft noch viel schwieriger als erste. Während es beim ersten meist bloß darum geht, zu plaudern und vielleicht noch Händchen zu halten (und wir taten nicht einmal das), bahnt sich beim zweiten Date auf alle Fälle schon die Möglichkeit eines Kusses an. Ich war zehn Jahre mit meinem Mann zusammen gewesen und seit fast zwei Jahren allein. Schon bei dem Gedanken, Eric zu küssen, bekam ich es mit der Angst zu tun. Aber ich wusste, dass das Leben mich erwartete, und dieses zweite Date mit Eric bedeutete mir alles.

Und wir küssten uns.

In jener Nacht konnte ich nicht einschlafen. Ich fühlte mich wie ein Teenager.

War ich etwa dabei, mich zu verlieben?

Ich hatte gedacht, dass mir das nie wieder passieren würde.

So kann ein einfacher Verbindungsschritt die Tür zu einer neuen Liebe öffnen.

Wege finden, um sich wieder mit dem Leben zu verbinden

Ich habe Sie ja bereits zu einem ganz einfachen Verbindungsschritt animiert. Damit jedoch wirklich eine Veränderung eintritt, müssen Sie noch viel mehr in dieser Richtung unternehmen. Sorgen Sie bitte dafür, dass Sie immer ein Notizheft in der Handtasche oder im Auto griffbereit haben. Schreiben Sie, sobald Ihnen etwas einfällt, das Sie in Ihrem neuen Leben gern tun würden, diese Idee sofort auf. In den kommenden Wochen und Monaten werden Sie diese spontanen Einfälle für weitere Verbindungsschritte nutzen können. Falls Sie aktiv trauern, können Sie vielleicht nur eine oder zwei solcher Schritte pro Tag unternehmen. Spannen Sie den Bogen weiter, sobald Sie bereit dazu sind, achten Sie dabei jedoch immer auf Ihre

Grenzen. Ihr Notizheft mit all den vermerkten Ideen wartet, bis Sie sich wieder ein Stück weit hinauswagen wollen.

Nehmen Sie sich, wann immer nötig, auch ruhig einmal ein paar Tage frei von allen Aktionen. Der Wandlungsprozess sollte sich stets stimmig anfühlen. Es besteht kein Grund zur Eile. Sie sollten das Gefühl haben, sich an genau der richtigen Stelle zu befinden, wo Sie gerade sind. Ist dies nicht der Fall, unternehmen Sie einfach einen neuen Versuch, wenn Sie dazu bereit sind.

Notieren Sie jedes Mal, wenn Sie wieder eine Aktion unternommen haben, wie Sie sich dabei gefühlt haben. Nehmen Sie Schuldgefühle genauso bewusst an wie Begeisterungsausbrüche. Überraschung ist immer gut, aber Sie sollen die Veränderungen in Ihrem Leben auch bewusst erkennen, indem Sie die einzelnen Schritte dokumentieren, die dorthin bringen. Die Dokumentation der einzelnen Schritte, die Sie durch Ihre Transformation geführt haben, gibt Ihnen die Möglichkeit, sie im Nachhinein noch einmal aus einer übergeordneten Perspektive zu betrachten. Später werden Sie verstehen, wie wichtig das ist.

Ihre Verbindungsschritte sind wie Puzzleteile Ihres neuen Lebens, das mehr und mehr ins Blickfeld rückt. Manche dieser Teile sind physischer Art, andere wiederum emotionaler, mentaler oder spiritueller Natur. Manche Aktionen ziehen vielleicht Aktivitäten nach sich, auf die Sie vor Ihrem Verlust nie gekommen wären. Andere könnten dazu führen, dass Sie Aktivitäten wieder aufnehmen, die Sie schon vor Jahren aufgegeben hatten. Dank Ihres Verlustes haben Sie jetzt die Chance, das Leben als komplett neuer Mensch ganz neu zu erkunden.

Kleine Entscheidungen, wie einer Betroffenengruppe beizutreten oder mit einem alten Freund ins Kino zu gehen, sind im Moment lebensnotwendig, damit Sie sich mit Ihrer neuen, im Werden begriffenen Identität vertraut machen können. Sie sind nicht mehr derselbe Mensch wie damals, als jenes schwere Verlustereignis Ihr Leben hatte in Scherben gehen lassen. Ihre derzeitigen Entscheidungen sind dazu gedacht, kurzlebig zu sein, und das bedeutet, dass sie auch nur zu flüchtigen Erlebnissen zu führen brauchen. Daher sollten sie nicht übermäßig ernst genommen werden. Im Augenblick reicht es aus, einen flüchtigen Blick auf das mögliche neue Leben zu werfen.

Wenn Sie feststellen, dass Sie durch einen bestimmten kleinen Verbindungsschritt eine positive Veränderung erlebt haben, sollten Sie bei dieser Größenordnung bleiben. Durch Wiederholung kann das Gehirn komplexere und nachhaltigere Nervenverbindungen aufbauen. Die Fähigkeit des Gehirns, sich der Umgebung anzupassen und neue Fertigkeiten zu erlernen, wird Sie schließlich in eine neue Lebens- und Gefühlswelt führen.

Wir Menschen nehmen die Umgebung meist ganz automatisch wahr. Nach einer Verlusterfahrung übernimmt allerdings die Trauer die Kontrolle über diese automatische Wahrnehmung. Sie bestimmt, wie wir zu interpretieren haben, was wir sehen, hören oder mit unseren anderen Sinnen wahrnehmen. Solange wir nicht untersuchen, wie wir wirklich zu uns selbst stehen und was wir tun oder lassen sollten, müssen wir etwas Innovatives tun, um das automatische Steuersystem des Gehirns außer Kraft zu setzen. Darum geht es bei einem Verbindungsschritt.

Testen Sie die folgenden Ideen und die zugehörigen Verbindungsschritte ganz nach Belieben. Sie betreffen diverse Bereiche, die meiner Erfahrung nach vielen Menschen hilfreich waren. Manche davon haben mit unseren Gedankenmustern zu tun, andere betreffen unsere Interaktionen mit der äußeren Welt. Lassen Sie sich von diesen Vorschlägen zu eigenen Verbindungsschritten inspirieren.

Das Leben Ihrer Überzeugungen

Sie haben die Macht, Ihr Leben gewaltig zu verändern, indem Sie einfach Ihre Gedankenmuster ändern. Dafür brauchen Sie nur zu beobachten, worauf Ihre Aufmerksamkeit gegenwärtig gerichtet ist, und sie neu auszurichten. Wenn Sie Ihrem Verstand widersprüchliche Botschaften senden, weiß er nicht mehr, wohin er sich wenden soll. Geben Sie ihm aber klare Anweisungen, dann steigern Sie die Wahrscheinlichkeit eines Erfolgs.

Am besten kontrolliert man seine Gedanken dadurch, dass man kontrolliert, was man sagt. Worte bilden Glaubensmuster im Gehirn aus, die jeder von uns tagtäglich immer wieder durchgeht. Wie oft verwenden Sie zum Beispiel Wörter wie »wütend«, »überfordert«, »traurig«, »Pechvogel« oder »scheitern«, um sich selbst zu beschreiben? Und wie fühlen Sie sich dabei?

Fangen Sie an, darauf zu achten, welche Wortwahl Sie treffen, um sich selbst zu beschreiben, und sehen Sie, welche Gefühle damit einhergehen. Streichen Sie Wörter aus Ihrem Wortschatz, die Ihnen Schmerz bereiten.

Nehmen Sie ein Notizheft und einen Stift zur Hand, um sich Ihrer derzeitigen Wortwahl bewusst zu werden. Schreiben Sie einen Absatz über Ihr Leben, als würden Sie es jemandem beschreiben, den Sie eben erst kennengelernt haben. Stellen Sie eine Liste mit mindestens fünf Adjektiven auf, die Ihr Leben charakterisieren, wie zum Beispiel: »abenteuerlustig«, »traurig«, »glücklich«, »beachtenswert« oder auch »ermüdend«.

Schreiben Sie dann die Sätze auf, die Sie am ehesten in Gesprächen mit Ihren Kindern oder Freunden verwenden, wenn Sie über sich sprechen, also zum Beispiel: »Ich gehe im Schmerz unter.« Oder: »Ich fühle mich so einsam.« Oder auch: »Heute hatte ich richtig Spaß.«

Beschreiben Sie als Nächstes, wie Freunde und Familienmitglieder mit Ihnen kommunizieren. Schwingt Mitgefühl in der Stimme mit, wenn sie Sie fragen, wie es Ihnen heute geht, oder meiden sie das Verlustthema eher? Würden Sie ihre Worte als ermutigend und positiv beschreiben oder eher als das Gegenteil? Und würden Sie sagen, dass Ihre Familie insgesamt einen positiven oder einen negativen Einfluss auf Sie ausübt?

Notieren Sie sich nun noch zu guter Letzt, welches Thema Sie täglich am meisten beschäftigt. Wären Sie, wenn Sie sich als Opfer der Umstände, als unglücklich, festgefahren oder gramerfüllt wahrnehmen und dies durch Ihre Gedanken auch noch verstärken, bereit, ein paar Verbindungsschritte zu tun, um diese Eigenwahrnehmung zu verändern?

Den regelmäßigen Input Ihres Gehirns zu erkunden, kann erschreckend sein, ist jedoch eine äußerst wichtige Übung, denn sie verdeutlicht Ihnen, über welche Wörter Sie sich bisher selbst definiert haben. Jedenfalls ist es immer gut, dem Gehirn ein wenig positiven Input zu gönnen, egal was Sie gerade herausgefunden haben. Üben Sie, Ihre Worte klug zu wählen, und machen Sie einen Verbindungsschritt bezüglich Ihrer Überzeugungen.

Kontaktaufnahme mit den eigenen Überzeugungen: Formulieren Sie eine positive Affirmation, die perfekt zu Ihrem Lebenseinschnitt passt, zum Beispiel: »Meine Scheidung hat mich gestärkt.« Oder: »Ich bin offen und konzentriere mich darauf, wieder Frieden, Liebe und Freude in meinem Leben zu finden.« Stellen Sie sich dreimal pro Tag vor den Spiegel, schauen Sie sich in die Augen und sprechen Sie sich Ihre Affirmation siebenmal hintereinander leidenschaftlich, überzeugt und glücklich vor, so dass sich Ihr Gehirn neu verschalten kann. Versuchen Sie einmal zu sagen:

- Nach meiner Trauer kann mich nichts mehr aufhalten, und ich kann mehr Risiken eingehen, um mir das Leben so zu gestalten, wie ich es möchte.
- Seit dem Verlust habe ich wertvolle Dinge gelernt, die ich jetzt täglich nutze, um mir selbst ein phänomenales Leben aufzubauen.
- Ich habe unglaublich Glück, dass ich das Leben noch einmal neu angehen darf.
- Ich bin klug und glücklich, ich bin jemand, der seine Ziele entschlossen angeht.
- Es geht mir gut, wenn ich mit meiner Familie zusammen bin.
- Ich bin entschlossen, meine Träume zu leben.

Das Leben in Ihrem Zuhause

Nach dem Tod meines Mannes strich ich die Wände in einer neuen Farbe, ich stellte die Möbel um und fügte neue Elemente hinzu, um die Energie im Haus zu verändern. Ich wollte mein Zuhause in die Gegenwart bringen, ich wollte nicht jeden Tag heimkommen und an das Geschehene erinnert werden. Ich wollte, dass das Haus eine neue Persönlichkeit und eine neue Art bekam, sich auszudrücken, eine neue Identität, die meiner neuen Art entsprach, die Welt zu betrachten. Mein Blickwinkel veränderte sich und passte nicht mehr zur materiellen

Wirklichkeit meines Zuhauses. Ich musste mein direktes Umfeld mit meinen inneren Prozessen in Einklang bringen.

Bei meiner ersten Konferenzschaltung mit Hunderten von Leuten bat ich diese, sich einmal in dem Raum umzuschauen, in dem sie sich gerade befanden. Ähnelte er eher ihrem früheren oder eher ihrem jetzigen Leben? Die meisten teilten mit, der Raum ähnle ihrem früheren Leben so sehr, dass man meinen könne, die Zeit sei stehengeblieben. Ich war erstaunt, dass eine derart einfache Frage so viele Menschen dazu bewegen konnte, ihre Umgebung bewusster wahrzunehmen. Wenn Sie eine so bewusste Kontaktaufnahme nutzen, um an Ihrem Heim etwas zu verändern, wird Sie dies – selbst wenn es sich dabei um rein kosmetische Maßnahmen handelt – auf andere Gedanken bringen und Ihnen neue Erfahrungen ermöglichen. Ihr Gehirn beginnt dann, das Leben vom gegenwärtigen Augenblick aus und nicht mehr aus der Vergangenheit zu betrachten. Es ist wichtig, dass sich unsere direkte Umgebung dem neuen Leben anpasst, das wir uns gerade aufbauen.

In der folgenden Übung gehen Sie nun, angefangen beim Schlafzimmer, Raum für Raum durch Ihr Heim und erkunden die Gefühle und Erinnerungen, die Sie mit jedem einzelnen Zimmer assoziieren. Nehmen Sie Ihr Notizheft mit, damit Sie Ihre Erkenntnisse festhalten können. Bevor wir damit anfangen, den äußeren Raum zu verändern, sollten wir uns ein konkretes Bild davon verschaffen. Wir wollen wissen, welche Gefühle genau mit den einzelnen Zimmern verbunden sind. Sind wir uns erst einmal dessen bewusst, können wir uns die Frage stellen, welche Gefühle erstrebenswert wären und was wir an den einzelnen Zimmern ändern müssen, damit diese Gefühle hier Alltag werden können. Als ich zum

Beispiel nach dem Tod meines Mannes aus dem Krankenhaus nach Hause kam und mein Schlafzimmer betrat, da war mir klar, dass ich hier nicht mehr würde schlafen können, solange das Bett genauso stand wie früher. Ich bat daher meine Eltern, mir behilflich zu sein, es auf die gegenüberliegende Seite des Zimmers zu stellen. Monatelang schlief ich dann in dem neu positionierten Bett. Diese Maßnahme hatte mir geholfen, ein Stück weit im Hier und Jetzt anzukommen.

Lassen Sie uns nun mit der Erkundung Ihres Heims beginnen.

Der Prozess funktioniert folgendermaßen: Setzen Sie sich bequem hin, nehmen Sie einige tiefe Atemzüge und fangen Sie an, den Raum zu betrachten, als wären Sie zum ersten Mal hier. Schauen Sie sich einfach um und lassen Sie ihn auf sich wirken. Fällt Ihnen etwas auf, das Sie bisher noch nie bemerkt haben, während Sie den Raum mit dem Blick absuchen? Beschreiben Sie Ihre Gedanken und Gefühle in Ihrem Notizbuch.

Machen Sie dasselbe mit Ihrem Bad, der Küche und dem Wohnzimmer.

Denken Sie nun ganz allgemein – und nicht Raum für Raum – an Ihr Zuhause und beantworten Sie folgende Fragen:

- Leben Sie hier in der Gegenwart oder in der Vergangenheit? Ist Ihr Heim zum Beispiel voll von Fotos der Person, die nicht mehr da ist?
- Ist es ein Ort, an dem Sie sich auch in der Zukunft noch sehen? Und falls die Antwort nein lautet: Welche Verbindungsschritte müssen Sie unternehmen, um den Verkauf in die Wege zu leiten oder ausziehen zu können?
- Fühlen Sie sich besser draußen oder zu Hause? Falls

die Antwort »besser draußen« lautet, ist diese Verbindungsübung sehr wichtig für Sie. Dann wird ein grundlegender Bestandteil Ihrer Heilung sein, sich einen Ort zu schaffen, an dem Sie gerne leben.

Bei der Beantwortung dieser Fragen werden Sie feststellen, dass es viele Entscheidungen zu treffen gilt. Außerdem kann sich ein Gefühl der Überforderung breit machen, denn sicherlich möchten Sie gleich eine ganze Reihe Dinge auf einmal verändern. Bevor Sie in diesen Zustand geraten, sollten Sie sich also vornehmen, zunächst nur einen Raum zu verändern. Nach und nach bekommt dann das ganze Haus neues Leben. Durch den Besucherblick, mit dem Sie Ihr Haus oder Ihre Wohnung betrachten, ermöglichen Sie Ihrem inneren Beobachter, Ihnen mitzuteilen, was genau Sie verändern müssen, um es in einen sicheren Hafen zu verwandeln.

Kontaktaufnahme mit dem eigenen Heim: Suchen Sie sich zunächst einen Raum aus, den Sie verändern wollen. Ob Sie die Wände neu streichen und die Möbel selbst umräumen oder sich dafür einen Innenarchitekten kommen lassen, ist egal. Wichtig ist, dass Sie einen Raum haben, in dem Sie wieder frei atmen können und der es Ihnen erlaubt, die Komfortzone der Trauer zu verlassen, so dass Sie sich langsam in Ihr neues Leben hineinwagen können. Haben Sie erst einmal richtig Kontakt aufgenommen mit einem Zimmer und fühlen sich wohl dort, können Sie sich den nächsten Raum vornehmen. So wird Ihr Zuhause im Handumdrehen dem nagelneuen Leben ähneln, das Sie jetzt – nach Ihrem Verlust – gern leben möchten. Die äußere Umgebung wird Ihr Denken beeinflussen, und während Ihres Heilungsprozesses werden Sie ja viel Zeit hier verbringen. Vergessen Sie nicht, dass wir uns von der Endlosschleife des Verlustes fernhalten wollen. Hüten Sie sich vor Gedanken, die Ihnen weismachen wollen, Sie hätten keine Zeit, um Ihr Zuhause auf Vordermann zu bringen, oder Sie hätten das Geld nicht dazu. Das ist nur Ihr Gehirn, das Sie im Warteraum festhalten will. Nehmen Sie Verbindung mit Ihrem Heim auf und bringen Sie einen Raum nach dem anderen in Einklang mit Ihrem jetzigen Leben.

Das Leben Ihrer Freundschaften

Hätte mir jemand gesagt, dass die meisten der Freunde, die mich während meines Trauerjahres begleiteten, nicht mehr zu meinem künftigen Leben gehören würden, dann hätte ich ihm nicht geglaubt. Ich hätte gelacht und denjenigen einfach stehen lassen. Ich hätte meine Freunde gegen alle und jeden verteidigt, denn schließlich hatten sie mir in meiner schwersten Lebensphase beigestanden. Im Lauf der Zeit beobachtete ich allerdings, wie sich einige dieser Freundschaften veränderten. Manche sind enger geworden, andere sind zu Ende gegangen. Dass ich mit einigen von meinen alten Freunden keine Zeit mehr verbringe, liegt nicht etwa daran, dass sie keine guten Menschen mehr wären oder dass es einen konkreten Konflikt oder Streit gegeben hätte. Ich habe mich nur einfach so sehr verändert, dass das, was uns früher verbunden hat, nicht mehr vorhanden ist. Das gehört mit dazu, wenn man ein neues Leben anfängt, und ich möchte Sie bitten, nicht damit zu hadern.

Es ist wichtig, sich zu erlauben, Beziehungen loszulassen, die nicht mehr funktionieren. Natürlich kann es auch umgekehrt sein. Sie sollten also unbedingt zulassen, dass manche Beziehungen sich intensiver gestalten. Grundsätzlich kann man sagen, dass die Realität ein und derselben Freundschaft vor dem Verlust und nach dem Verlust völlig unterschiedlich aussieht. Nach einer tiefen Verlusterfahrung muss man herausfinden, welche Beziehungen neu zu verhandeln, welche zu beenden und welche beizubehalten und gar zu vertiefen sind.

Die Fragen, die ich Ihnen in der folgenden Übung stelle, sollen Ihnen solche Entscheidungen erleichtern. Wenn Sie sich klarwerden, was Ihnen an Ihren gegenwärtigen Freundschaften wichtig ist, können Sie sich mehr Menschen in Ihr Leben holen, die zu der Person passen, die Sie gerade in Begriff sind zu werden. Damit beleben Sie zugleich auch Ihre neue Identität. Außerdem will ich Sie auffordern, sich bei dieser Übung ein wenig Egoismus zu erlauben, damit Sie sich einen wirklich sicheren Hafen schaffen können. Sie müssen damit rechnen, dass Schuldgefühle Ihnen manche nicht ganz wahrheitsgemäße Gedanken über Ihre Freunde einflößen werden – nehmen Sie sich daher bei der Beantwortung der Fragen hiervor besonders in Acht. Die Schuldgefühle wollen verhindern, dass Staub aufgewirbelt wird und womöglich noch mehr Verluste entstehen. Wichtig in dieser Phase Ihres Lebens ist es jedoch, die Tür langsam für immer mehr Menschen zu öffnen, die Sie auf Ihrer Reise zurück ins Leben wirklich bei sich haben wollen. Wenn Sie einverstanden sind, lassen Sie uns nun beginnen.

- Mit wie vielen Freunden haben Sie täglich zu tun?
- Wie viele neue Freundschaften haben Sie seit Ihrem Verlust geschlossen?
- Ergreifen Sie die Initiative, rufen Sie Ihre Freunde an oder warten Sie, bis die anderen sich melden?
- Sind Sie offen für Einladungen?
- Sind Ihre derzeitigen Freundschaften erfüllend für Sie?

- Haben Sie das Gefühl, dass Sie sich ständig erklären müssen?
- Fühlen Sie sich einsamer, wenn Sie mit Ihren Freunden zusammen sind?

Kontaktaufnahme mit dem Loslassen von Freundschaften: Welche Freundschaften in Ihrem Leben strengen Sie emotional an und rauben Ihnen Energie? Finden Sie eine Beziehung, die Ihnen viel Unbehagen bereitet und die Sie als anstrengend empfinden? Tun Sie nun gleich den ersten Schritt, um sie loszulassen. Welches ist dieser erste Verbindungsschritt? Manche ziehen es vor, zuerst einmal aufzuschreiben, wie so ein Ende der Freundschaft aussehen könnte. Auf diese Weise können Sie zur inneren Klärung auch Ihren Beobachter mit einbringen. Notieren Sie alles, was Sie an dieser Beziehung mögen und was nicht. Teilen Sie sich selbst mit, wie sich das Beenden dieser Freundschaft auf Ihr Leben auswirken würde. Warum wäre es wichtig, dies gerade jetzt zu tun? Kommen Sie zu dem Schluss, dass es Ihrer Entwicklung dienlich ist, wenn Sie die Freundschaft loslassen, dann müssen Sie dies auf Ihre Weise und in Ihrem Tempo machen. Vielleicht wollen Sie dieser Person ja eine E-Mail schreiben oder einfach nicht ans Telefon gehen, wenn sie anruft? Tun Sie, was Sie für richtig halten. Bei diesem Schritt geht es nicht darum, höflich zu sein oder politisch korrekt zu handeln, es geht darum, dass Sie für sich selbst sorgen. Finden Sie nicht, dass die Zeit reif dazu ist?

Kontaktaufnahme mit der Freundschaft, die Balsam für die Seele ist: Es gibt Leute, mit denen uns ein Großteil unseres Lebens und unserer Geschichte verbindet. Mitunter kennen sie uns sogar besser als wir uns selbst. Diese Freunde sind Teil unserer DNS und unserer Lebensgeschichte. Aber selbst wenn wir wissen, wer diese Menschen sind und wie gut sie zu uns sind, kann unsere Trauer sie doch aus unserem Alltag ausschließen. An dieser Stelle möchte ich Sie daran erinnern, dass diese Menschen Bestandteil unseres Heilungsprozesses sind. Wir brauchen ihr offenes Ohr, ihre warme Umarmung und ihre Ehrlichkeit und Hilfe. Bei der Kontaktaufnahme mit der Freundschaft, die Balsam für die Seele ist, geht es darum zu lernen, sie auch und gerade in solch schweren Zeiten anzunehmen. Ich möchte Sie dabei unterstützen, diese Freunde wieder näher an sich heranzulassen.

Welche Beziehungen aus Ihrem früheren Leben fühlen sich stark an und machen Sie glücklich? Benennen Sie die Freunde, in deren Gesellschaft Sie sich wohl fühlen, und nehmen Sie telefonisch oder per E-Mail Kontakt zu ihnen auf. Denken Sie daran, sich in kleinen, fünfprozentigen Schritten mit diesen wichtigen Bezugspersonen zu verbinden, überfordern Sie sich nicht. Diese Menschen sind Teil Ihrer Geschichte und des neuen Lebens, das auf Sie wartet. Geben Sie sich einen Ruck und sagen Sie ja zu ihren Einladungen zum Essen und ihren Anstrengungen, Sie aus dem Warteraum herauszuholen. Ich weiß, es ist nicht einfach, gesellig zu sein, wenn man trauert. Aber es wird Ihnen enorm helfen, wenn Sie sich überwinden und es in kleinen Dosen tun. Willigen Sie beispielsweise in nur eine Einladung zum Abendessen pro Woche ein. Steuern Sie selbst, wie oft Sie die Tür zu Ihrem neuen Leben öffnen. Vergessen Sie nicht: Sie halten die Schlüssel in der Hand. Und wenn Sie einen schlechten Tag haben und sich nicht danach fühlen auszugehen, obwohl Sie eine Einladung zum Essen zugesagt hatten, dann teilen Sie dies Ihrer Seelenfreundin einfach ehrlich mit. Sie wird es verstehen.

Die Freundschaftsverbindungsschritte werden Ihnen

helfen, Ihren Wünschen gegenüber ehrlich und wahrhaftig zu bleiben. Wenn wir nicht in der Lage sind, uns die Wahrheit einzugestehen, können wir nicht so ins Leben zurückkehren, wie wir es eigentlich verdienen.

Das Leben der Dates und Affären

Früher oder später kommt jeder, der eine traumatische Erfahrung hinter sich hat, darauf, dass Vielbeschäftigung den Schmerz lindert. Vielbeschäftigung fühlt sich an, als würde man, von der Trauer verfolgt, im Labyrinth des Gehirns herumrennen und ihr immer gerade nur einen Schritt voraus sein. Man weiß, dass die Trauer einen erwischt, sobald man stehen bleibt und anfängt zu denken – oder zu fühlen. Sofort übernimmt die Trauer die Führung, man wird zu ihrer Gefangenen.

Nach dem Tod meines Mannes waren die einzigen Protagonisten in meinem Leben meine beiden Töchter und ich. Weder sah ich, noch sprach ich mit irgendwem sonst während der Woche. Ich arbeitete Vollzeit in der Geschäftswelt, wohl wissend, dass ich mich ganz auf mein professionelles Auftreten konzentrieren musste. Aber gleichzeitig war ich auch eine Mutter, die sich absolut nicht auf ihre Familie oder irgendwelche Babysitter verlassen wollte, wenn es um die Fürsorge ihrer Kinder ging. Mein Tagesprogramm bestand also vollständig aus meinem Beruf sowie der Fürsorge für meine zwei Töchter unter sechs Jahren. Damit konnte ich zwar meine gebetsmühlenartigen Trauergedanken in Schach halten, die Vollbeschäftigung rund um die Uhr ermüdete und überforderte mich aber auch.

Hätten Sie während der Zeit, als zu meiner Devise »Je mehr Beschäftigung, desto weniger Trauer« auch noch

Dates hinzukamen, einen Blick in mein Gehirn und in mein Herz werfen können – Sie hätten laut herausgelacht. Ich versuchte verzweifelt, mein altes Leben hinter mir zu lassen, gleichzeitig fühlte es sich jedoch an, als würde mich ein ganzes Ochsengespann in die andere Richtung ziehen – bloß fort von jeder möglichen Liebesaffäre. Auf jeden einzelnen praktischen Schritt nach vorn folgten mehrere emotionale Schritte zurück. Rückblickend kann ich sehen, dass ich mich hinsichtlich meiner Bereitschaft, das Alte hinter mir zu lassen, selbst belog. Bei jeder Verabredung klopften tausend Wahrheiten an meine Tür, die mir offenbarten, wie sehr ich meinen Mann vermisste. Durch jedes Date wurde meine Trauer von neuem aktiviert.

Wenn man trauert, ist der Versuch, etwas zu fühlen, so als wollte man ein Auto ohne Kraftstoff anlassen. Du drehst den Zündschlüssel wieder und wieder um, und es passiert gar nichts.

Sie haben bestimmt schon einmal gehört, dass man »im ersten Jahr nach dem Verlust keine Entscheidungen treffen soll«. Meine Version dieses Ratschlags lautet ein bisschen anders: Triff die Entscheidung, wieder zu leben, und sei offen für alles, was geschieht, wenn du die Tür zu deinem neuen Leben aufschließt. Sei aber ebenso offen für das, was *nicht* geschieht, und hör auf, bestimmte Dinge zu tun, wenn es einfach nicht klappt. Es ist in Ordnung, zu einem Date zu gehen, weil du Angst vor dem Alleinsein hast oder einfach den Schmerz betäuben möchtest. Hör also auf, dich zu verurteilen, und achte auf deine Bedürfnisse. Vielleicht möchtest du ein bisschen Spaß haben oder einen Seelengefährten oder beides finden! Bitte lass deine Schuldgefühle zu Hause und nimm das Leben mit, wenn du ausgehst.

Lassen Sie uns jetzt herausfinden, was Sie sich in Ihrem jetzigen Zustand von der Liebe und Co. wünschen.

Schreiben Sie Ihre Antworten zu den folgenden Fragen in Ihr Notizbuch. Es ist wichtig, die Antworten festzuhalten, denn sie werden Ihnen helfen zu begreifen, wo Sie heute stehen.

- Welche Gedanken überwiegen bei der Überlegung, ob Sie noch einmal die Liebe finden werden? Sagt Ihnen Ihr Gehirn, dass es schwer oder leicht sein wird?
- Wie würden Sie spontan reagieren, wenn jemand, den Sie erst einmal gesehen haben, sich mit Ihnen verabreden möchte?
- Würden Sie das Experiment wagen, mit jemandem auszugehen, der völlig anders ist als die Person, die Sie verloren haben?

Die Antworten auf diese Fragen zeigen Ihnen, wie Ihr Gehirn derzeit verschaltet ist. Sie müssen sich mit ihnen befassen, um ein neues Leben wirklich zulassen zu können. Großartig wäre es natürlich, wenn Ihre diesbezügliche Einstellung Ihrem heutigen – und nicht dem alten – Leben nützen würde.

Es geht einfach darum festzustellen, wo Sie jetzt stehen, damit Sie künftig bewusster auf eventuelle Situationen reagieren können, bei denen die Liebe mit ins Spiel kommt, damit Sie innehalten und Ihre Antwort abwägen können. So ist zum Beispiel überhaupt nichts dagegen einzuwenden, wenn man sich gegen eine Beziehung zu jemandem entscheidet, zu dem man sich wirklich nicht hingezogen fühlt. Falls Sie diese Beziehung jedoch ablehnen, weil Sie meinen, dass sie sich aufgrund Ihrer früheren Erfahrungen nicht richtig anfühlen würde, dann ist diese Entscheidung nur wieder der Tatsache geschuldet, dass Sie ins Automatikprogramm Ihres Gehirns zurückgefallen sind.

Kontaktaufnahme zur Liebe: Es ist Zeit, einen kleinen Verbindungsschritt zu unternehmen, der Sie auf die Möglichkeit eines Dates – und nicht unbedingt auf ein konkreteres Date – vorbereitet. Haben Sie den Eindruck, dass eine Online-Kontaktbörse der beste Ort ist, um einen potenziellen Gefährten kennenzulernen, dann suchen Sie sich die passende Partnervermittlung und melden sich dort an. Wenn Ihnen die Vorstellung behagt, bei einem geselligen Anlass Verabredungen zu treffen, dann sorgen Sie dafür, dass Sie in den nächsten paar Tagen an irgendeiner kleinen Veranstaltung teilnehmen. Jede Unternehmung stärkt Ihre Beziehung zum Leben. Sie sollten jedoch unbedingt die bereits genannten Fragen beantwortet haben, bevor Sie Ihren Verbindungsschritt für die Liebe tun.

Freunden Sie sich mit Ihrer Angst an

Nach den ersten Verbindungsschritten wird unweigerlich die Angst ihr Schattendasein verlassen und Ihnen einreden: »Du bist nicht bereit für einen Neustart.« Selbst wenn Sie bislang nur fünf Prozent investiert haben, sind Sie nicht immun gegen diese Angst samt ihren Auswirkungen. Mich persönlich hat sie häufiger versucht zu lähmen, als ich überhaupt aufzählen kann. Ich habe oft mit meiner Angst gesprochen, bis ich eines Tages beschloss, sie als das zu sehen, was sie wirklich ist – eine besorgte Freundin. Sie versuchte ja bloß, mich zu beschützen. Mich vor Gefahren und vor Schmerz zu bewahren. Und als sich meine Haltung ihr gegenüber zu verändern begann, begriff ich, dass ich die Angst – anstatt zugunsten meiner Unternehmungen gegen sie anzukämpfen – zu meiner besten Freundin machen und ihr versichern konnte, dass sich alles gut ergeben würde. Ich schrieb ihr daher einen Brief:

Liebe Angst,
ich weiß, dass Du hier bist, um mich zu beschützen, weil Du nicht willst, dass mir etwas zustößt.
Ich weiß, dass Du Dir wegen all dem, was mir passiert ist, Sorgen um mich machst.
Ich weiß, dass Du nicht anders kannst und dass Du mir deshalb bei jedem neuen Schritt, den ich tue, sofort zur Seite stehen willst.
Aber nur keine Aufregung. Ich werde heute einen einzigen kleinen Schritt tun. Du brauchst Dir also wirklich keine Sorgen zu machen.
Ich gebe die Kontrolle nicht aus der Hand und werde heute Abend wohlbehalten nach Hause kommen. Ich werde mich auf meinen Ausflügen selbst lieben. Ich werde mich um meinen Körper und meine Seele kümmern. Ich muss nur einfach wieder laufen lernen.
Und außerdem, liebe Angst … ich brauche Deine Freundschaft. Ich weiß, dass hinter Dir keine Monster auf mich warten. Ich weiß, dass Du einfach nur versuchst, mein Herz vor den Unbilden des Lebens zu bewahren.

Liebe Grüße von
Christina

Und jetzt, meine lieben Lebensstarter, möchte ich Sie dazu einladen, selbst einen Brief an Ihre Angst zu schreiben. Legen Sie ihn dann bitte irgendwohin, wo Sie ihn täglich sehen und lesen können. Er soll Ihnen als Ermutigung dienen, damit Sie ein paar kleine, bewusste Schritte aus der Sicherheit Ihres Heims heraus tun und sich wieder mit dem Leben verbinden können.

Flaschenpost

Leider geschieht ein Neuanfang nicht ganz von selbst. Das nächste Kapitel in deinem Leben – dein Neustart – wird nicht einfach mit einem breiten Lächeln vor deiner Tür stehen.
Er hängt ganz und gar von dir ab.
Obwohl ich an meine Arbeit für den Neustart ins Leben glaube und vielen Menschen bei der Heilung ihrer gebrochenen Herzen habe beistehen können, sind sie doch nicht etwa durch mich geheilt. Sie sind geheilt, weil sie in den Wochen, die wir miteinander verbracht haben, selbst aktiv waren und an sich gearbeitet haben.
Sie haben auch nicht aufgegeben, als sich alle Umstände gegen sie zu richten schienen.
Sie wollten einen Neustart.
Sie gaben dem Leben mehr Bedeutung als der Trauer.
Sie erlaubten sich, wieder zu lachen, zu lieben und zu handeln.
All dies geschah nicht etwa, weil ich so toll und tiefgründig wäre. Ich will es ganz laut und deutlich sagen: Es war nicht mein Verdienst, sondern ihr eigener.
Dabei wünschte ich, ich hätte die Fähigkeit, alle und jeden zu heilen. Das ist aber nicht der Fall. Ohne dein eigenes Zutun kann ich dir nicht helfen.
Du bist es, der jeden Morgen aufwacht und sich im Spiegel ansieht. Der die Kraft aufbringen muss, sich selbst zuzulächeln. Dessen Herz gebrochen ist und der sich dafür entscheidet, in dieses Herz hineinzuatmen.
Du bist so tapfer, dass du um Hilfe bittest.
Du bist es, der um eine Chance für ein neues Leben kämpft. Ohne dich und ohne deinen Mut kann ich dir nicht helfen.
Worum ich dich jetzt bitten möchte, ist, dir selbst mit

ein bisschen liebevoller Strenge zu begegnen. Ich möchte dich bitten, an diesem Wochenende aus deinem Alltagstrott auszubrechen.
Die Trauer führt ein zeitloses Leben. Sie begegnet uns in der Vergangenheit, in der Gegenwart und in der Zukunft. Sie begegnet uns in unserer Wirklichkeit und in unseren Gedanken, im Schlaf und im Wachzustand. Die Trauer weiß ganz genau, mit welchen Tricks sie uns zu der Annahme veranlassen kann, dass unser Herz noch immer gebrochen ist und keinesfalls zu heilen vermag.
Die einzige Möglichkeit, die Gemächer der Trauer hinter uns zu lassen, besteht darin, jenseits dieser Gewohnheit aktiv zu werden.
Du musst dir im Klaren darüber sein, dass es zunächst unangenehm sein wird, dich wieder ganz lebendig zu fühlen. Es wird sich gar nicht gut anfühlen, den Warteraum zu verlassen. Dein Gehirn wird dich anlügen, wo es nur kann, es wird dir jede Menge Gründe nennen, warum du deinen normalen Tagesablauf unbedingt beibehalten solltest.
Ist meine Bitte zu viel verlangt?

Verantwortungsvolle und aktive Grüße von
Christina

Kapitel 5

Neustarter-Übungsprogramm, dritte Stufe: Wandel

Wenn es den Traum, den du einmal hattest, nicht mehr geben kann, musst du einen anderen Traum träumen.

Haben Sie diese ganz leise Stimme in Ihrem Kopf schon mal gehört?

Diese Stimme, die Sie an den Tagen, an denen Sie lieber nicht in Ihre Kraft gehen wollen, gar nicht zur Kenntnis nehmen?

Das ist die Stimme, die etwas ahnt von Ihrer Göttlichkeit, Ihrer Kraft und den kreativen Fähigkeiten, die Ihnen als Mensch zu eigen sind. Und das, obwohl Sie so tief gefallen sind, dass Sie meinen, keiner könnte Sie finden, um Ihnen wieder aufzuhelfen. Diese Stimme spricht zu dem von der Trauer gezeichneten Selbst und sagt ihm, dass es auch vom Leben gezeichnet ist – und dass Sie noch viel Wertvolles zu geben und zu empfangen haben.

Die Weigerung, dieser Stimme zuzuhören, kommt einem Abschalten aller Lebenskraft in uns gleich.

Ich vernahm die Stimme meiner Lebenskraft auch in der Zeit meiner tiefsten Trauer. Sie forderte mich auf, in meine Göttlichkeit hineinzugehen und etwas Großartiges zu erschaffen. Sie forderte mich auf, mich selbst aus meiner Komfortzone zu stoßen, mein verletztes Selbst gehen zu lassen und die Träumerin in mir zu finden.

Mit meinen ersten Schritten heraus aus der Trauer begann für mich ein Prozess der Selbsterkenntnis. Der mit dem blanken Überleben beschäftigte Teil in mir kämpfte gegen die plötzlich auftauchenden, positiven Gedanken an. Ich musste lernen, diesen Übergang von den Überlebensgedanken zu den lebensorientierten Gedanken bewusst zu vollziehen. Ich gebe zu, dass dies zuerst gar nicht so einfach war; denn ich hatte mich in meinem Unbehagen gut eingerichtet. Mir war jedoch klar, dass ich mein Gehirn bewusst trainieren musste, um mit Hilfe des neuen Lebens, das ich mir gerade eroberte, neu denken lernen zu können. Es ist für jeden, der einen Neubeginn wagt, ein notwendiger Schritt, die eigene Aufmerksamkeit fort von der negativen Stimme der Angst hin zur positiven Stimme des Träumers zu lenken. Das Gehirn muss auf die Rückkehr ins Leben vorbereitet werden.

Lassen Sie sich nicht täuschen. Die Person, zu der Sie nach Ihrem Verlust zunächst werden, sind nicht wirklich Sie. Die Identität, die sich während der Trauerzeit ausbildet, basiert auf Schmerz, Angst, Schuldgefühlen, Wut, Traurigkeit und einem gebrochenen Herzen. Daneben gibt es jedoch noch eine andere Identität, die nur darauf wartet, entdeckt zu werden. In den Tagen, Monaten oder sogar Jahren nach einem Verlust ereignet sich im Gehirn eine wahre Evolution, die aufregende Möglichkeiten in sich birgt und zu einem außerordentlich glücklichen, produktiven und erfüllenden neuen Leben führen kann. Das Ziel der dritten Stufe im Neustarter-Übungsprogramm ist es, die positive Evolution Ihres Gehirns und Ihres Denkens zu fördern.

In diesem Kapitel möchte ich Ihnen zeigen, wie Sie mental von dem Leben, das Sie hinter sich gelassen haben, zu dem Leben überwechseln können, das auf Sie wartet. In den ersten beiden Stufen dieses Prozesses haben Sie sich zunächst einen Überblick über Ihre Lage verschafft und Wege gefunden, sich wieder mit Ihrer Umwelt zu verbinden. Jetzt ist die Zeit gekommen, bewusst an Ihrer mentalen Ausrichtung auf die Zukunft zu arbeiten. Diese Verlagerung wird in zwei Phasen vonstatten gehen: der Erkundung und der Stärkung. Ich werde Ihnen dabei behilflich sein, den inneren Beobachter zu nutzen, damit Sie Ihr aktuelles Leben betrachten und die negativen Überzeugungen entdecken können, mit denen Sie Ihre Entscheidungen sabotieren. Dann werde ich Sie unterstützen herauszufinden, was Sie gern anders hätten und auf welche Zukunft Sie gern hinarbeiten würden. Ist das erst einmal geklärt, werden Sie auch in der Lage sein, sich andere Überzeugungen anzueignen. Nach dieser Erkundung werde ich Ihnen drei Wege aufzeigen, mit denen Sie die vollzogenen Veränderungen stärken und Ihrem Gehirn vermitteln können, dass die neuen Verhaltensweisen gut sind und keinerlei Gefahren für Sie bergen. Das gibt dem Gehirn den nötigen Raum zur Aneignung neuer Überzeugungen, was wiederum Raum für neue Möglichkeiten eröffnet.

Es geht darum, die ständigen Verlustgedanken durch Gedanken an das Leben zu ersetzen. Ohne diese graduelle Veränderung der Frequenzen im Gehirn und im Herzen ist es nicht möglich, das Leben so voll und ganz zu leben, wie Sie es nach Ihrer Verlusterfahrung verdienen.

Falls Ihr Verlust sich erst vor kurzem ereignet hat und die Trauer noch frisch ist, dürfen Sie jedoch nicht vergessen, wie wichtig es ist, den Verlust zu betrauern. Sie dürfen Ihrem wahren Bedürfnis zu trauern keinen Widerstand entgegensetzen. Ebenso wichtig ist allerdings die Unterscheidung zwischen echter Trauer und dem reinen Wiederkäuen des Verlustes. Letzteres ist eine natürliche, aber dennoch ungesunde Angewohnheit, bei der man noch lange nach dem Verlust über das »Warum« und das »Wie« und das »Wenn-doch-nur-nicht« der eigenen Vergangenheit nachgrübelt.

Man muss sich dafür entscheiden, glücklich zu sein

Ich brauchte eine ganze Weile, bis ich etwas von Verlust und Heilung begriff, das eigentlich ganz einfach ist: Das Glück lebt in uns, es ist nicht durch die Umstände bestimmt. Obwohl ich die inneren Heilungserfahrungen Tausender von Trauernden miterlebt hatte, schenkte mir meine persönliche Verlusterfahrung diese ganze neue Sichtweise. Ich musste meinen eigenen kompletten Verlust- und Heilungszyklus durchlaufen, bevor sich mir diese Wahrheit erschloss.

Die Tatsache, dass man sich immer wieder, tagein, tagaus, neu für das Glück entscheiden muss und dass Glück nicht eine auf einem bestimmten Ereignis beruhende Erfahrung ist, befreite mich von meinem Anhaften am Verlust und ermöglichte es mir, mich wieder dem Leben zuzuwenden. Nachdem ich diese Tatsache für mich entdeckt hatte, konnte ich mich dafür entscheiden, wieder glücklich zu werden.

Wenn wir großen Kummer erlebt haben, neigen wir dazu, mit Leib und Seele an dem dahinterstehenden Verlust festzuhalten, und begründen eine gewisse Zeit lang all unser Unglücklichsein mit den Details dieses Verlustes. Es ist so leicht, das Unglücklichsein über den Verlust eines geliebten Menschen mit der Traurigkeit über unsere aktuelle Lebenssituation zu verwechseln. Selbst Jahre später tendieren wir noch dazu, von dem Verlust im Präsens zu sprechen, als würde er uns jetzt betreffen – weil dies ja auch der Fall ist. Mit starken Gefühlen verknüpfte Erinnerungen haben eine unglaubliche und unmittelbare Macht. Leider wirft ein solcher Verlust aufgrund seines Ausmaßes einen derartigen Schatten auf die Wirklichkeit, dass wir die vielen anderen Gründe, aus denen wir nicht glücklich sind, womöglich gar nicht sehen können.

Wir erkennen dann vielleicht nicht, dass ein spezifischer Verlust – so bedeutsam er auch gewesen sein mag – nicht für all unser Unglücklichsein verantwortlich ist oder sein kann. Denn den Grad unseres Wohlbefindens bestimmen viele Aspekte.

Einer der bedeutsamsten Faktoren, der Menschen davon abhält, sich für das Glück zu entscheiden, ist meiner Erfahrung nach die Unfähigkeit, sich von ihrer früheren Identität zu lösen. Die Ablösung von dem Verlust kann erst dann wirklich erfolgen, wenn wir in der Lage sind, uns so weit zu verändern, dass wir – wenn wir in der Zukunft dem verlorenen Menschen oder gar uns selbst wieder begegnen würden – einander neu kennenlernen müssten. Je weiter wir uns von der Person fortbewegen, die wir zu der Zeit der Verlusterfahrung waren, desto geringfügiger ist der Schmerz, an dem wir leiden. Diese Identitätsverschiebung kann jedoch nur eintreten, wenn das Gehirn mit neuen Gewohnheiten und Routinen konfrontiert wird.

Eine echte, nachhaltige Veränderung der Lebensqualität entsteht nicht aus dem Gefühl, das auf ein Aha-Erlebnis folgt oder aus der einmaligen oder zweimaligen Bereitschaft zu einer bestimmten Handlungsweise. Es bedarf der Kontinuität eines handlungsorientierten Lebens, damit sich neue Nervenbahnen entwickeln können.

Durch das regelmäßige Praktizieren von Verbindungsschritten werden Sie mit der Zeit viele kleine, vorübergehende Schritte in Ihr neues Leben tun und sich zugleich auch immer wieder in die gewohnten Bahnen zurückziehen. Das geschieht so lange, bis die neuen Gedanken und Handlungen schließlich eine neue Identität hervorbringen, die Sie als jemanden zeigt, der zwar einen herben Verlust in der Vergangenheit erlitten hat, seit diesem Ereignis jedoch auch die Gegenwart lebt. Eine feststehende Persönlichkeit ist reine Illusion. Unsere Entwicklung hört nie auf.

In diesem Stadium des Neubeginns besteht Ihre Aufgabe darin, Ihre Persönlichkeit endgültig von der Identifikation mit der Trauer zu einer Identifikation mit dem Leben zu bringen. Vergessen Sie nicht, dass Sie sich für das Glück entscheiden müssen, was unter anderem bedeutet, Abstand von der Trauer zu gewinnen. Vielleicht wissen Sie ja noch gar nicht, wie viel Kraft Sie eigentlich haben ... denn das haben Sie, und das Gefühl dafür wird sich bald einstellen. Sie sind dabei, ein Krieger des Lebens zu werden, jemand, der durchzuhalten weiß, der fällt, wieder aufsteht, Erfahrungen macht und aus dem Gemisch aus Tränen und Lachen zu lernen versteht.

Wahrscheinlich ist der Tag nicht fern, an dem Sie vor Freude weinen werden, weil Sie erkennen, wie groß der Wandel ist, den Sie gerade vollziehen. Sie werden anfangen, ganz neue Gefühle, neue Beziehungen und ein komplett neues Leben zu leben.

Marias Weg in etwas Neues

Maria war eine der ersten Lebensstarterinnen, die ich gecoacht habe. Mit dem strahlendsten Lächeln, das ich je gesehen habe, trat sie in mein Büro und schüttelte mir die Hand. Sie schien mir auf den ersten Blick klug und voller Energie zu sein. Im Lauf dieses ersten Gesprächs stellte ich dann jedoch fest, dass sie sich in einer Welt verloren hatte, in der sie sich selbst nicht achtete, ihr eigenes Licht nicht sehen konnte und keinen Zugang zu dem ihr eigenen Scharfsinn hatte. Sie gab zu, dass sie sich an einem bestimmten Punkt in den ersten Monaten nach dem Tod ihres Mannes, der vor einem halben Jahr gestorben war, so sehr aufgegeben hatte, dass sie sich morgens noch nicht einmal mehr die Zähne putzte.

Die Frau vor mir konnte sich selbst nicht als die außergewöhnliche Person sehen, als die ich sie wahrnahm. Sie war die Mutter zweier wunderbarer Kinder, die sie sehr liebte. Nach sieben Jahren als Vollzeitmutter hatte sie jedoch den Kontakt zu ihrer eigenen Identität verloren. Sie hatte sich nur noch als Ehefrau und Mutter definiert. Obwohl sie nach dem Tod ihres Mannes eine großzügige Lebensversicherung ausbezahlt bekommen hatte, musste sie bald wieder arbeiten gehen. Sie wünschte sich einen Job, der sie inspirierte, dafür musste sie sich jedoch zuallererst wieder aufrappeln. Maria war verloren in einem Meer der Selbstvernachlässigung.

»Wie lange ist es her, seit Sie zum letzten Mal etwas für sich getan haben?«, fragte ich sie.

»Fast anderthalb Jahre«, antwortete sie und brach in Tränen aus. »Damals hatte ich von meinem Mann einen Massage-Gutschein zum Geburtstag geschenkt bekommen.« Sie vermisste ihn unendlich.

Obwohl Maria eine Jogginghose und kein Make-up trug und ihr Haar einfach zu einem schlichten Knoten gebunden hatte, war sie wunderschön. Im Lauf der Sitzung blitzte zwischen den Tränen immer wieder ihr Lächeln auf. Für mich lag auf der Hand, dass sie eine Kriegerin war, eine Frau, die mit Leichtigkeit wieder zurück ins Leben finden würde. Und ich wollte ihr helfen, Zugang zu dem dafür nötigen Mut zu finden.

»Haben Sie bitte Nachsicht mit mir, falls ich Sie jetzt mit einer Frage konfrontiere, die Sie sich vielleicht schon selbst gestellt haben«, sagte ich. »Wer wären Sie, wenn Sie morgen früh als die Frau aufwachen würden, die zu sein Sie bestimmt sind?«

Noch während ich meine Frage stellte, schossen Maria die Tränen aus den Augen. Ich hatte eine enorme Gefühlswelle bei ihr ausgelöst. Ohne zu zögern, antwortete sie: »Ich würde Kinderbücher illustrieren und wäre eine erfolgreiche Illustratorin.« Kaum hatte sie ausgeredet, da schlug sie sich die Hand vor den Mund. Beide holten wir tief Luft. Es war, als wisse sie nicht, woher diese Worte kamen. Noch während sie sie aussprach, geschah etwas Magisches: Ihre Augen leuchteten auf. Für mich war dies ein Zeichen, dass in ihr gerade eine gewichtige Veränderung stattfand. Bis zum Ende unserer Sitzung sprachen wir dann darüber, wie die Zukunft aussehen würde, wenn sie diese Idee weiterverfolgte.

Fragen Sie sich, was sich da wohl in Maria verändert hatte? Was ihre Augen zum Leuchten gebracht hatte? Ich glaube, dass unser Gespräch über ihre mögliche Karriere als Buchillustratorin sie in dieser Idee bestärkte, was wiederum zu einer sofortigen Veränderung in ihrem Gehirn führte, so dass ihr neues Selbst zutage treten konnte.

Die Verlagerung der Konzentration von der Trauer auf das Leben hatte eine solche Kraft, dass Maria schon nach dieser ersten Sitzung besser für sich sorgen konnte. Von da an unternahm sie zahlreiche Verbindungsschritte. Sie änderte allerlei in ihrem Zuhause sowie an sich selbst und erhöhte damit ihre Lebensqualität. Sie wurde viel glücklicher. Im Lauf von vier Monaten verlor sie fünfunddreißig Pfund Übergewicht. Sie begann Teilzeit zu arbeiten, um auf eine Schule für Design gehen zu können. Damit sie sich auf ihre Studien konzentrieren konnte, engagierte sie für die Nachmittage einen Babysitter. Zwar wurde sie nicht sofort Kinderbuch-Illustratorin, erstellte sich jedoch bald einen Aktionsplan und begann, Schritte zur Verwirklichung ihres großen Traums zu unternehmen. Ihre Identität hatte sich nachhaltig verändert.

In Wahrheit war die Frau mit den leuchtenden Augen, die so gern zeichnete, bereits zu Beginn unseres Treffens vorhanden gewesen und hatte nur darauf gewartet, sich zu zeigen und Anerkennung zu finden. In gewisser Weise hatte Maria schon auf dieses Gespräch gewartet. Sie hatte sich nach einer Gelegenheit gesehnt, einen Blick in die Zukunft zu werfen und ihrem neuen Selbst die Möglichkeit zu geben, das alte zu ersetzen. Nach sechs Monaten der Trauer hatte sie sich in die Lage versetzt, diesen inneren Wandel hin zum Leben in aller Deutlichkeit zu manifestieren. All das fand nun zwar in meinem Büro und im Gespräch mit mir statt, hätte sich aber genauso gut irgendwo anders vollziehen können – wo eben Marias neues Selbst den Raum oder die Gelegenheit und die Einladung bekommen hätte, zutage zu treten. Falls Sie keinen Fachmann zur Seite haben sollten, bitten Sie doch einfach einmal eine gute Freundin, auf einen Kaffee oder Tee vorbeizukommen und Ihnen beim Plaudern irgendwann freundlich diese Frage zu stellen.

Sie geben den Anstoß zu einer nachhaltigen Veränderung des eigenen Selbstverständnisses. Sobald Sie erst einmal eine Ahnung von Ihrem neu entstehenden Selbst bekommen haben, können Sie mit weiteren Aktionen dranbleiben und seine Entwicklung fördern. Meist schalten sich Zweifel und negative Gedanken störend dazwischen. So ist es auch Maria immer wieder ergangen. Lassen Sie uns daher herausfinden, wie wir den Ängsten begegnen können, die uns daran zu hindern versuchen, diese erstaunlichen Erfahrungen zu machen.

Wie Sie der Angst begegnen und sich auf das Leben zubewegen

Um einen solchen Schritt tun zu können, wie Maria ihn vollzogen hat, müssen Sie zunächst damit im Reinen sein, wo Sie jetzt stehen. Wie Sie bereits wissen, kann das menschliche Gehirn als Magnet für negative Gedanken dienen, die wiederum negatives Verhalten nahelegen. Einfach ausgedrückt: Je mehr wir uns in Gedanken über Scheitern, Verlust, Zweifel oder die Ungerechtigkeit des Lebens verlieren, desto häufiger werden wir auch wie Opfer und Verlierer handeln, um uns dann noch mehr mit diesen negativen Gedanken zu beschäftigen. Indem das Gehirn auf alles hört, was wir uns selbst sagen, organisiert es solche Erfahrungen für uns – als würde es uns damit einen Gefallen erweisen.

Wenn Sie Ihre Lebensqualität verbessern und gegen die Angst angehen möchten, in der Sie leben, müssen Sie diesen negativen inneren Dialog unterbrechen und sich einen neuen Fokus setzen. Zuallererst jedoch gilt es, mit Hilfe Ihres inneren Beobachters die spezifischen, verlustbedingten Angstgedanken zu identifizieren, die sich aufgrund der Verlusterfahrung ständig in Ihnen abspulen.

Die Aufgabe ähnelt in gewisser Weise der Arbeit, die Sie bereits im Kapitel über die Kontaktaufnahme geleistet haben. In der folgenden Übung werden Sie jedoch tiefer gehen, als nur die negativen Wörter zu identifizieren, die Sie verwenden. Sie werden wirklich in diese negativen Gedanken in Ihrem Kopf eintauchen und sich ihre Auswirkungen anschauen. Lassen Sie uns also die schlimmsten dieser Ideen herausfinden und dann sofort ersetzen.

1. Schließen Sie die Augen und versenken Sie sich tief in Ihr tägliches Gedankenreservoir. Welche ist die größte Angst, die Sie seit Ihrem Verlust hegen? Haben Sie zum Beispiel Angst, dass Sie für immer und ewig allein sein werden? Haben Sie Angst, ohne Ihren Partner zu einem gesellschaftlichen Ereignis zu gehen? Haben Sie Angst, dass das Geld knapp wird, weil Sie jetzt Alleinverdiener für die ganze Familie sind?
2. Wie häufig denken Sie über diese große Angst nach?
3. Wird die Angst in irgendeinem Teil Ihres Lebens Wirklichkeit? Ist sie real? Geben Sie genau an, wann, wo und wie sich diese Angst manifestiert, damit Sie gegen sie angehen können. Bestimmen Sie Ihre Bedürfnisse, damit Ihr Gehirn in den Prozess der Erfüllung mit einbezogen werden kann. Brauchen Sie zum Abendessen Gesellschaft? Brauchen Sie jemanden, mit dem Sie in Urlaub fahren können? Wie viel Geld benötigen Sie genau, um Ihren Lebensstil beibehalten zu können?
4. Was ist für Sie das entgegengesetzte Gefühl zu dieser Angst? Wie fühlen Sie sich mit diesem Gegenteil? Wenn es sich um die Angst vor dem Alleinsein handelt, dann wäre das Gegenteil Gemeinschaft oder Partnerschaft. Das entsprechende Gefühl dazu könnte zum Beispiel sein, dass Sie sich in Sicherheit, in Frieden, glücklich oder angeregt fühlen.
5. Nun kennen Sie das entgegengesetzte Gefühl zu Ihrer Angst, und ich möchte, dass Sie es laut aussprechen. Legen Sie sich die Hand aufs Herz und sagen Sie das Wort oder den Satz, der das Gegenteil Ihrer Angst ausdrückt. Wie fühlt sich Ihr Herz dabei an?

Können Sie sich nach dieser einfachen Übung vorstellen, dass – ganz unabhängig von der Geschichte Ihres Verlustes – etwas Großartiges (nämlich das Gegenteil von Ihrer Angst) Bestandteil Ihres Lebens werden könnte? Eine Frau hatte zum Beispiel Angst davor gehabt, gedemütigt zu werden, wenn sie zu einem Tanzabend ginge. Obwohl sie Angst vor Zurückweisung hatte, musste sie in der Antwort auf Frage drei (»Ist die Angst real?«) zugeben, dass es sich dabei um eine Projektion handelte – also um eine eingebildete negative Erfahrung. In Wahrheit wusste sie nicht, was passieren würde, denn sie hatte den Tanzabend ja noch gar nicht ausprobiert.

Auf die Frage vier (»Was ist das entgegengesetzte Gefühl?«) antwortete sie: »Akzeptanz … ein wahres Fest.« Als sie sich die Hand auf die Brust legte und sich diese Gefühle vorstellte, fühlte sie sich wunderbar.

Vielleicht war Ihre Erfahrung ja ganz ähnlich. Haben Sie sich entspannt oder waren Sie ein bisschen aufgeregt? Haben Sie mögliche Glücksmomente oder erstrebenswerte positive Ergebnisse vor sich gesehen?

Planen Sie Ihren nächsten Verbindungsschritt, der auf dem neu entdeckten Gefühl beruht. Welche Aktion müssen Sie in Angriff nehmen, um sich eine Erfahrung zu verschaffen, die Sie das Gefühl erleben lässt, nach dem Sie sich sehnen? (Denken Sie dran, dass es um eine Aktion geht, die nicht mehr als fünf Prozent Ihrer Energie erfordert. Suchen Sie sich also eine Kleinigkeit aus, damit Sie dieses Gefühl auch wirklich erleben können.)

Sobald Sie sich geistig auf Ihr neues Leben auszurichten beginnen, werden Sie sich die folgende, entscheidende Frage stellen müssen: *Wonach sehne ich mich?* Erst wenn Sie eine Antwort auf diese Frage gefunden haben, fängt der umgekehrte Prozess an: Nun geht es darum, wieder reale Verbindungsschritte zu tun, also durch kleine Aktionen praktische Erfahrungen zu sammeln. Denn diese echten Erfahrungen stellen wiederum eine Wahrheit her, die sich dann auf Ihre Gedanken und Gefühle auswirkt.

Beantworten Sie sich doch einmal in entspanntem Zustand – selbst wenn er bloß ein paar Minuten anhält – die folgende Frage: »Was ist meine größte Sehnsucht, wenn ich an das Leben denke, das vor mir liegt?« Sie werden offener sein für ein besseres Leben und sich hoffnungsvoller auf Ihre Zukunft zubewegen können.

Beachten Sie bitte, dass ich in der Frageformulierung das Wort »Sehnsucht« verwendet habe. Dieses Wort spricht zu Ihrem Herzen. Es wird Ihnen zeigen, wonach Ihr Herz verlangt. Diese intensive Sehnsucht wird Ihnen die Kraft geben, den Warteraum immer mehr hinter sich zu lassen und in eine Welt der Möglichkeiten hinauszutreten.

Wenn Sie Ihre Ängste identifizieren, sie objektiv angehen und sich auf die Zukunft ausrichten, werden sich nicht nur Ihre Gedanken vom Schmerz fortbewegen. Ihre ganze Identität verlagert sich dann von dem Leben mit der Trauer auf ein Leben mit dem Leben. Ein solcher Wandel ist zwar schwierig, aber nicht unmöglich. Viele Menschen haben ihn durchlaufen.

Und ich weiß, dass er auch Ihnen gelingen wird.

Vertrauen Sie darauf, dass Ihre neue Identität bereits im Werden begriffen ist und dass sie umso stärker wird, je bessere Voraussetzungen Sie durch Ihre Verbindungsschritte dafür schaffen.

Schritte ins Leben

In den letzten beiden Dezemberwochen des Jahres nach dem Tod meines Mannes weinte und schrie ich, meditierte und visualisierte ich und fand Wege, um mir mit Hilfe meines Gehirns ein geistiges Hologramm für das neue Leben zu erstellen, das ich mir für mich und meine Kinder wünschte. (Das war, unmittelbar bevor ich den Briefträger auf der Straße verfolgte.) Damals wusste ich nicht, dass ich den Warteraum zwischen dem Leben vor und dem Leben nach dem Verlust betreten hatte. Ich hatte zwar in den achtzehn davorliegenden Monaten schon viel Heilungsarbeit geleistet, vernachlässigte mich jedoch nach wie vor durch zu viel Arbeit. Ich aß noch immer nicht gut und war isoliert. Ich ging fast nie ans Telefon, wenn es klingelte. Dennoch war ich dabei, mich mit einem winzigen Schritt nach dem anderen auf die Türschwelle zu meinem neuen Leben zuzubewegen. In meinem Gehirn begann sich etwas zu verändern. Auch wenn sich das nicht gleich äußerlich manifestierte, hatte ich bereits begonnen, meine Gedankenmuster vom Trauerbewusstsein abzukehren, und mein Bewusstsein vom Leben wurde stärker.

Eine derartige Umformung des Gehirns ist keine leichte Aufgabe, denn wir müssen dazu die Endlosschleife der verlustorientierten Gedanken verlassen, in der wir uns tagtäglich mit solcher Selbstverständlichkeit aufgehalten haben. Wir müssen irgendwie unser Vertrauen zum Leben wiederentdecken, müssen glauben, dass unser Leben noch nicht vorbei ist, damit wir wirklich zu Lebensstartern werden können. Das ist – bestenfalls – ein unangenehmer und schwieriger Prozess.

Manch einer wird bei der Lektüre dieses Buches sicher denken, dass die Verlagerung vom Trauerbewusstsein auf ein Bewusstsein vom Leben reine Theorie ist, weil wir in

Wahrheit den Verlust eines Menschen oder eine andere schlimme Erfahrung ewig betrauern werden. Manchmal hindern uns Schuldgefühle, die uns bei der Ablösung von unserem alten Leben überkommen, daran zu glauben, dass wir überhaupt eine neue Identität gewinnen können. Auch weigern wir uns mitunter zu glauben, was wir nicht verstehen. Ich kann Ihnen jedoch versprechen, dass der Schmerz und das mit der Trauer verknüpfte Leid durch Erinnerung und Gedenken ersetzt werden, sobald sich dieser Frequenzwandel im Gehirn vollzieht. Die Ablösung ist Bestandteil des Wandels.

Vielleicht haben Sie ja gedacht: »Meinen Verlust kann niemand verstehen, denn keiner weiß, was ich durchgemacht habe. Mein eigener Verlust ist erheblich schlimmer als der von anderen Menschen. Keiner kann mich verstehen.« Dieser Art waren jedenfalls meine Gedanken zu Beginn meines Neubeginns. Und ich habe online Tausende von Kommentaren gelesen, in denen Leute genau dieselben Worte verwendeten.

Da sie mich heute als einen glücklichen Menschen sehen, haben mir manche tatsächlich Dinge gesagt wie: »Wenn ich so ein Glück hätte wie Sie, wäre ich auch in der Lage, neu anzufangen.«

Solche Aussagen verschlagen mir jedes Mal die Sprache. War es etwa Glück, dass ich mich nicht dauerhaft mit dem Witwendasein identifizierte? War es Glück, dass ich das Unternehmen *Second Firsts* gründete? War es Glück, dass ich mich ein zweites Mal verliebte und einen wunderbaren Mann heiratete? Nein, das war kein Glück! Ich war einfach nur hartnäckig und entschlossen, gegen den Strom der Trauer anzuschwimmen und weiter für mein Leben zu kämpfen.

Werden Sie zu einem Krieger und kämpfen Sie für Ihr Leben.

Seien Sie hartnäckig.

Seien Sie entschlossen.

Geben Sie nicht auf.

Ihr neues Leben verlässt sich darauf, dass Sie ihm die Tür öffnen, wenn es bei Ihnen anklopft.

Da Sie nun Ihre negativen Gedankenmuster identifiziert und bewusst die Entscheidung getroffen haben, sich dem Leben zuzuwenden, müssen Sie jetzt auch aktiv werden, um diese Veränderungen zu bestärken. Der erste Schritt reicht nicht aus, erst durch einen kontinuierlichen Prozess lassen sich Veränderungen verankern.

Die Wissenschaft von der Liebe

Bei einem Neubeginn müssen wir uns mit Liebe umgeben – und zwar mit Liebe zu uns selbst und mit Liebe vonseiten anderer. Neurowissenschaftliche Erkenntnisse zeigen, dass unser Gehirn immer dann, wenn wir uns in Sicherheit, geliebt und geschätzt fühlen, kleine Dosen des Hormons Oxytocin freisetzt. Es ist das Hormon, das unsere Zellen überschwemmt, wenn wir uns verlieben, und das einer Mutter hilft, eine Bindung zu ihrem Baby einzugehen. Allein schon der Gedanke an Liebe lässt uns schier in Oxytocin baden. Das Hormon verursacht ein starkes Glücks- und Wohlgefühl.

In ihrem Buch *The Scientific American Book of Love, Sex, and the Brain* erläutert Judith Horstman, dass im Lauf unseres Lebens alle Beziehungen durch Oxytocin unterstützt werden, da es Bindung und Vertrauen stärkt. »Es ist das Hormon der Liebe, des Vertrauens und der Bindung und hat bei Menschen und Säugetieren mit jeder Art von Bindung zu tun. Anders als bei der aufputschenden Wirkung von Testosteron und Dopamin fördert Oxytocin Gefühle wie Trost und Sicherheit.«[10] Deshalb sollten wir uns darum bemühen, Wege zu finden, wie wir die Freisetzung von Oxytocin in den Blutkreislauf stimulieren können.

Zum Thema Oxytocin gibt es jedoch weitere neue, für mich noch aufregendere Erkenntnisse. Demnach wirkt sich das Hormon direkt auf die Umformung des Gehirns aus und fördert die Herstellung neuer Nervenbahnen. Wie sich gezeigt hat, führt das gleichzeitige Aktivieren zweier Erinnerungen, von denen die eine uns unglücklich, die andere uns aber glücklich macht, dazu, dass die Nervenbahnen beider gemeinsam zu feuern beginnen und damit dauerhaft verbunden werden. Wenn wir also eine negative Erinnerung mit einer positiveren, Liebe und Sicherheit vermittelnden Erinnerung assoziieren können, wird sie in Zukunft weniger schmerzhaft für uns sein. Diese Veränderung kann nach Erkenntnis der Forscher unmittelbar eintreten und dauerhaft sein.

Die drei Aktionen, die ich zur Unterstützung der Veränderung weiter unten vorschlage, zielen darauf ab, dieses Wissen zum eigenen Vorteil zu nutzen. Dazu werden Affirmationen und Visualisierungen verwendet, die mehr Liebe in unser Leben bringen und uns helfen können, unsere positiven Nervenbahnen zu stärken.

Ich weiß, dass viele von Ihnen jetzt ähnlich reagieren werden wie ich, als ich zum ersten Mal vom positiven Denken und der Kraft hörte, die Affirmationen angeblich zu eigen ist: »Und das soll meine Trauer und meinen Schmerz lindern? Unmöglich!« Als ich jedoch feststellte, dass die Wirksamkeit der Hirnforschung erwiesen ist, war meine Skepsis wie weggewischt. Ich spürte, dass mir keine andere Wahl blieb, als diesen Ansatz selbst auszuprobieren. Ich hatte ja nichts zu verlieren. Mein erster Versuch dauerte zwei Wochen, während deren ich folgende Affirmation atmete und lebte: »Ich gebe mir selbst die Erlaubnis, glücklich zu sein.« Dieser Satz war für mich die Eintrittskarte zu einer ganzen Reihe neuer Erfahrungen in meinem Leben. Seitdem bin ich nie mehr umgekehrt.

Die Trauer bildet in unserem Gehirn Gewohnheiten und Überzeugungen aus, die uns nicht dienlich sind. Trauergewohnheiten sind egozentrisch und zielen auf das Fortbestehen eines Verhaltens ab, das wir zur Linderung unseres Verlustschmerzes nutzen. Schmerz bringt uns häufig dazu, eine ungesunde Abhängigkeit von Dingen wie Nahrungsmitteln, Alkohol oder Fernsehen zu entwickeln. Solche Scheinlösungen betäuben den Verstand und lenken uns ab, sie führen jedoch nicht zu wahrem Glück und Erfolg im Leben.

Auch Sie sind jetzt dabei, Ihre ungesunden Abhängigkeiten loszulassen, eine gesündere Beziehung zu sich zu entwickeln und sich für eine neue Lebensweise zu begeistern.

Aktion eins: Den eigenen Wandel durch positive Affirmationen bekräftigen

Sie haben gelernt, dass die Verbindungen in Ihrem Gehirn durch Ihre Gedanken hergestellt und gestärkt werden. Das Gegenteil ist ebenfalls wahr: Nervenbahnen werden inaktiv, wenn wir den entsprechenden Gedankenmustern nicht mehr nachhängen.

Aktion eins soll Sie dabei unterstützen, positive Verknüpfungen herzustellen und zu stärken. Positive Gedanken und Gefühle werden eng miteinander verbunden – und somit zugänglicher –, je öfter Sie sie wiederholen und Gedankenmuster pflegen, die lebensorientierten Nervenbahnen folgen.

Und so wird's gemacht: Unterbrechen Sie, sobald Sie sich dabei ertappen, dass Sie sich in Gedanken an Ihren Verlust verloren haben und »Was wäre, wenn«-, »Wenn nur«- oder »Ich kann nie mehr glücklich sein«-Sätze in Ihnen auftauchen, diese Gedanken ganz bewusst und fangen Sie stattdessen an, sie als Erinnerung zu denken. Ihr Verlust ist ein Ereignis, das in der Vergangenheit stattgefunden hat, und es ist ganz natürlich, wenn man sich traurig fühlt, weint und den Verlust betrauert. Sobald dies jedoch zu einer Art monotonem, tranceartigem Ritual wird, verstärken Sie nur die Gedanken, die Sie im Warteraum festhalten. Immer dann, wenn Sie die negativen Verlustgedanken unterbrechen, brechen Sie auch ein paar von den Verbindungen Ihrer Nervenbahnen auf, die mit dem Verlust verknüpft sind. Reagieren Sie auf diese ungewollten Gedanken, indem Sie mit einem präziseren Gedanken zurückschlagen. Sie müssen die alte Überzeugung unbedingt abweisen. Dieser Vorgang ähnelt der Übung, in der Ihr innerer Beobachter die Endlosschleife des Verlustes durchbrechen sollte. Jetzt aber betrachten Sie nicht nur einfach objektiv Ihr Leben, sondern Sie programmieren Ihren Verstand aktiv, damit Sie sich erneuern und auf Ihr neues Leben zugehen können.

Um überzeugend und frei von Angst, Zweifeln oder anderen negativen, verlustbezogenen Gedanken sein zu können, müssen Sie exakt in dem Moment reagieren, in dem die negative Einstellung aufsteigt. Es ist ganz einfach, das positive Gedankenmuster zu finden, das Sie im Gegenzug zu Ihrer spezifischen Angst verwenden können. Ihre größte Angst – die sich als Endlosschleife in Ihrem Kopf abspult – haben Sie ja schon identifiziert. Außerdem haben Sie sich durch objektives Beobachten dieser Angst bereits bewiesen, dass sie nicht real ist. Oder Sie haben die Orte gefunden, an denen sie sich womöglich manifestiert. Jetzt brauchen Sie genau diese größte Angst nur umzudrehen. Falls die Angst also zum Beispiel darin bestand, niemandem vertrauen zu können, würde das Gegenteil davon lauten: »Ich bin vertrauensvoll.«

Stellen Sie sich, wann immer Ihre Angst auftritt, vor einen Spiegel, schauen Sie sich in die Augen und sprechen Sie diese entgegengesetzte Aussage laut, entschieden und kraftvoll aus. Vergessen Sie nicht, dass sich die positive Wirkung der Affirmation verstärkt, wenn Sie auch Gefühl hineinlegen und sie mit aussagekräftigen Bildern verbinden.

Zudem ist es hilfreich, die positiven Nervenbahnen auch unabhängig vom Auftreten einer spezifischen Angst regelmäßig zu stärken. Den Spiegel können Sie übrigens zur Stärkung aller positiven Eigenschaften nutzen, die Sie gern entwickeln möchten. Sie werden für Sie so realer und wichtiger. Versuchen Sie es doch einmal mit Sätzen wie:

- »Ich bin wieder offen dafür zu lieben.«
- »Ich heiße das Leben willkommen.«
- »Ich bin bereit dazu, mein neues Selbst zum Vorschein kommen zu lassen.«
- »Ich gehe täglich Risiken ein.«
- »Ich kann mein neues Ich sehen und bin von den neuen Möglichkeiten ganz begeistert.«
- »Ich bin hier; ich bin im Hier und Jetzt.«
- »Ich werde nicht von der Vergangenheit beherrscht.«
- »Ich bin nicht meine Trauer, sie ist nur ein Teil von mir.«
- »Ich fange neu an.«

Wenn eine Tragödie zuschlägt, müssen wir mit einer Liebesbombe zurückschlagen. Ein Verlust gräbt sich umso tiefer in unsere Identität ein, je mehr wir durch Fragen wie »Was wäre gewesen, wenn?«, »Warum ist das passiert?« oder »Wie hätte ich es verhindern können?« unser Leid im Kopf kreisen lassen. Auf der anderen Seite können wir durch die Verwendung von Affirmationen, die dem negativen Denken entgegenwirken, positive, lebensbejahende Wahrnehmungen ausbilden. Wenn wir uns ermöglichen, ihre positive Bedeutung körperlich wahrzunehmen, verbinden wir uns emotional dauerhaft mit diesen Gedanken, und dies verändert unser Leben.

Aktion zwei: Lieben Sie sich selbst

Mit dieser zweiten Aktion stärken Sie die neuen positiven Nervenbahnen, an denen Sie schon gearbeitet haben, indem Sie sie mit liebevollen Gefühlen verbanden. Liebe und Dankbarkeit empfinden zu können ist die wichtigste Grundlage, um sich das ersehnte neue Leben aufzubauen. Die folgende Übung wird Ihnen dabei helfen, sich einen inneren Raum voller Liebe und Gewissheit sowie positiver Gefühle gegenüber sich selbst und der Zukunft zu schaffen, die Sie sich gestalten möchten und müssen.

Sie können diese Übung zum Beispiel immer morgens machen oder auch jedes Mal, bevor Sie sich in Gesellschaft begeben. Wenn Sie in der Arbeit eine Präsentation zu halten haben, vor einer Trauer-Selbsthilfegruppe sprechen sollen oder sich auf eine erste Verabredung vorbereiten, vor der Sie Angst haben, ist diese Übung sicherlich hilfreich für Sie.

Setzen Sie sich zunächst bequem hin und nehmen Sie einige langsame, tiefe Atemzüge. Entspannen Sie sich. Lassen Sie nun mit Hilfe Ihres Atems Ihr ganzes Sein von einem Gefühl der Liebe durchdringen. Sie sind in Sicherheit.

Stellen Sie sich, wenn Sie mögen, visuell und energetisch einen Menschen vor, den Sie wirklich lieben. Sie können hier jede beliebige Person nehmen, mit der Sie sich in Sicherheit und wohl fühlen, egal ob es sich dabei um Ihren Lebenspartner, Ihr Kind, Ihren Lehrer oder Mentor handelt. Stellen Sie sich nun vor, wie Sie miteinander spazieren gehen.

Stellen Sie sich vor, dass diese Person Ihnen jetzt genau das sagt, was Ihnen gut tut. Zum Beispiel, dass Sie kompetent und stark sind. Oder dass Sie eine neue Arbeitsstelle bekommen werden. Oder dass Sie innerlich und äußerlich schön sind. Denn diese Person kennt Sie und Ihren Charakter und Ihre Fähigkeiten genau und glaubt rückhaltlos an Sie. Was sie Ihnen jetzt Ihren Bedürfnissen entsprechend sagt, wird Sie nähren. Erlauben Sie sich, diese Liebe zu spüren und tief im Herzen zu empfangen.

Wie würde diese Person Ihre größte Fähigkeit beschreiben und Ihnen sagen, wie Sie diese täglich am besten einbringen sollen? Stellen Sie sich vor, wie dieser liebevolle Gefährte Sie anweist. Hören Sie auf das, was er oder sie Ihnen sagt. Saugen Sie es mit all Ihren Sinnen auf und kosten Sie es aus. Diese Botschaft ist Ihre Wahrheit. Als positive, liebevolle Erfahrung kann sie – egal wie viel Angst Sie verspüren mögen, die Ihnen vorgeschlagenen Anweisungen tatsächlich auszuführen – Ihnen helfen, Ihre Angst zu überwinden.

Ziel dieser Übung ist es, in Ihnen einen sicheren Ort zu schaffen, den Sie täglich aufsuchen können, um mit Ihrer inneren Weisheit zu kommunizieren.

Bevor Sie die Übung abschließen, ist es wichtig, noch einen Augenblick innezuhalten. Nehmen Sie noch einmal die Herzensgüte wahr, mit der Ihnen diese liebende Person begegnet, die Sie so gut kennt und anleitet. Drücken Sie ihr Ihre Dankbarkeit aus.

Nehmen Sie sich und die Geschenke an, die Sie in sich tragen. Sehen Sie sich, wie Sie all das tun, wovor Sie Angst gehabt hatten, und nehmen Sie diese erstaunliche neue Erfahrung mit allen Sinnen wahr.

Atmen Sie nun tief ein und aus, öffnen Sie die Augen und kehren Sie zurück in die Gegenwart.

Lieber Lebensstarter, falls Sie bei dieser Art Visualisierung anfangen sollten zu weinen, ist das vollkommen in Ordnung. Die Tränen könnten aufsteigen, weil der heimliche Träumer in Ihnen, der immer zuhört, nun plötzlich Liebe und Unterstützung erfährt. Sie kommen tief aus Ihrer Seele, von einer Stelle in Ihrem Gehirn, wo die Erinnerung wohnt, wer Sie sind. Diese Erinnerung möchte Sie in das Leben begleiten, das Sie verdienen. Tränen sind dazu da, den Anteil in Ihnen zu wecken, der die Stärke besitzt, den in Ihnen schlummernden Lebensfunken zu entzünden.

Uns wird so häufig gesagt, wir sollten nichts unterdrücken. Aber was heißt das eigentlich? Ist es in Ordnung, die eigenen Träume und Wünsche zu unterdrücken? Ist es in Ordnung, sich das Leben zu verbieten? Nein, das ist es nicht.

Lassen Sie Ihre Träume ans Tageslicht kommen.

Aktion drei: Finden Sie Ihren Raum zum Atmen

Sollten Sie bereits morgens vor dem Zähneputzen mit Ihrer Trauer ins Gespräch vertieft sein, ist das ein sicheres Zeichen, dass Sie ihr immer noch Priorität schenken gegenüber dem Leben. Sie heißen den Tag mit Trauer im Kopf willkommen. Ist Trauer die erste Erfahrung am Tag, wird die Angst sich bald dazugesellen. Die Trauer findet genug Gründe, Sie davon zu überzeugen, dass Ihre Ängste real sind.

Es ist wichtig, sich direkt nach dem Aufwachen Raum zum Atmen zu nehmen, um dem Leben Aufmerksamkeit zu schenken. Gehen Sie mit Ihrer Tasse Tee oder Kaffee deshalb an einen Ort, an dem Sie für zehn Minuten allein und ungestört sein können.

Willkommen in Ihrem *Atemraum*.

Dieser Ort, nach dem Sie Ausschau halten und wo Sie ganz alleine sind, ist kein greifbarer Ort im eigentlichen Sinn. Es handelt sich vielmehr um einen Raum in Ihrem Körper und Geist, der es Ihnen erlaubt, die Last des Verlustes abzulegen, die Sie mit sich herumschleppen. Es ist ein Raum, an dem Sie Ihren Verlust bewusst beiseite legen und über eine bessere Zukunft nachdenken können.

Über eine Zukunft, in der Sie sich lebendig und kompetent fühlen.

In der Sie sich stark fühlen.

In der Sie lächeln.

Und dankbar sind.

Und mitfühlend.

Und liebevoll.

Wo liegt für Sie dieser Raum? Falls Sie ihn bereits in sich gefunden haben, begeben Sie sich jetzt bitte dorthin. Suchen Sie nach ihm, wenn Sie ihn noch nicht entdeckt haben. In Ihrem Atemraum werden Sie ins Leben zurückgerufen. Je besser es Ihnen gelingt, diesen Atemraum aufzufinden, desto mehr Raum steht Ihnen den ganzen Tag zur Verfügung, wenn Sie ihn brauchen – bloß einen Atemzug entfernt.

Wie Joe einen Wandel zu Liebe und Vertrauen vollzog

Im Herbst 2011 kam ein erstaunlicher Mann namens Joe zu mir zum Coaching. Zu unserem ersten Treffen erschien er mit ernstem Gebaren und einem dicken Ordner in der Hand. Er war offenkundig bereit, in Aktion zu treten.

Joe war aber auch zurückhaltend. Er setzte sich und fixierte, während er von seinen Zielen sprach, einen Punkt auf dem Tisch, der zwischen uns lag. Ich schaute ihm trotzdem die ganze Zeit in die Augen und verhielt mich ihm gegenüber fürsorglich und zugewandt. Nach einer Weile sagte ich zu ihm: »Joe, ich habe großes Vertrauen, dass Sie aus Ihrem Leben etwas machen werden. Es ist mir eine Ehre, mit Ihnen zu arbeiten.«

Ungläubig und erstaunt sah er mich an. »Ich wette, das sagen Sie zu jedem«, antwortete er mit einem breiten Lächeln und ein wenig geröteten Wangen. Obwohl er mein Kompliment ausgeschlagen hatte, gefiel es ihm offenbar, und sein Vertrauen in mich schien zu wachsen. In den darauf folgenden Wochen arbeitete er mit meiner Unterstützung daran, durch die Verwendung positiver Gedanken und Affirmationen neue Nervenbahnen zu bilden und die bereits vorhandenen zu stärken. Während dieses Prozesses öffnete er sich mehr und mehr.

Für mich war es faszinierend, ihn zu beobachten, wie er zwischen dem Menschen, dem ich anfangs begegnet war, und seinem neuen Selbst hin und her wechselte. Eines Tages machte ich ihn auf dieses Wechselspiel aufmerksam. »Joe, mir ist etwas aufgefallen, das ich Ihnen gern vorführen würde. Sie sagen mir dann, was Sie davon halten.« Dann machte ich seine Trauerhaltung nach, in der sein Körper zu einer Seite gebeugt war und er mit sehr leiser Stimme sprach.

In dieser Haltung und Sprechweise wiederholte ich den Satz, den er gerade zu mir gesagt hatte: »Ach, Christina, es tut mir echt leid, dass ich einen solchen Eindruck erweckt habe. Ich kann kaum glauben, dass Sie meinen, ich hätte der Welt was zu bieten. Vielleicht meinen Sie das ja wirklich, aber ich fürchte, da Sie sind der einzige Mensch weit und breit.« Joe verstand sofort, worauf ich hinauswollte, und musste lachen.

Wir hatten schon eine ganze Weile miteinander gearbeitet, und Joe hatte unterdessen fleißig seine Verbindungsschritte praktiziert. Meiner Meinung nach war er nun bereit für einen größeren Schritt ins Leben. Daher bat ich ihn, für seine nächste Aktion die Risikostufe auf fünfzig Prozent zu erhöhen, zum Beispiel durch die Teilnahme an einer Fachkonferenz, bei der er sich inmitten anderer Menschen befinden würde, die ihn so sahen wie ich. Zuerst war er sehr skeptisch; er hatte das Gefühl, dass er nicht zu den Leuten passen würde, die an solchen Veranstaltungen teilnahmen. Ich bat ihn dennoch darum, seinen Atemraum aufzusuchen und von diesem Kraftort aus ernsthaft über seine Teilnahme an der Konferenz nachzudenken.

Sein Atemraum bestand übrigens darin, sich mit einem guten Freund auf ein Bier zu verabreden. Am nächsten Abend traf Joe sich also mit seinem besten Freund, der ihn durch alle schweren Zeiten in seinem Leben begleitet hatte. In dem sicheren Rahmen, den dieser Freund für ihn schuf, war Joe dann in der Lage, sich selbst als jemand zu sehen, der zu einer solchen Veranstaltung gehen konnte. Noch an demselben Abend buchte er seine Fahrkarte.

In den vier Konferenztagen verband sich Joe mit seinem erstaunlichen neuen Leben. Nach seiner Rückkehr erzählte er mir: »Ich kann gar nicht glauben, was ich da gerade erlebt habe.« Seine Stimme klang kräftig, und seine Haltung war vollkommen aufrecht, während er das Geschehen beschrieb. »Danke für Ihre Hilfe. Dort konnte ich mich vergewissern, dass andere mich als den mögen, der ich bin, und dass sie schätzen, was ich zu bieten habe. Jetzt bin ich bereit für die nächste Stufe.« Ich erkannte, dass er den für den Neubeginn notwendigen, inneren Schalter umgelegt hatte. Im Moment ist Joe dabei, ein nagelneues Unternehmen auf die Beine zu stellen, das Menschen unterstützen will, ihr Leben aus dem Vollen zu leben. Seine Freizeit verbringt er mit seinem Freund.

Legen Sie jetzt den Schalter um

Müsste ich noch einmal von vorne anfangen, dann würde ich zu den Jahren zurückkehren, die ich mit der Trauer um meinen Mann verbrachte, und mehr Risiken auf mich nehmen. Ich würde mehr an mich glauben und mir mit jedem Tag mehr Zeit dafür nehmen, größere Träume zu träumen. Ich würde länger in meinem Atemraum verweilen und die Menschen, die mich lieben, öfter um Hilfe und Zuwendung bitten. Ich würde jeden Tag in den Spiegel schauen und mir selbst sagen, wie schön ich bin. Ich würde häufiger mit mir sprechen – und auch mehr auf mich hören.

Stattdessen ließ ich mich in den ersten zwei Jahren nach dem Tod meines Mannes von der Trauer in Beschlag nehmen. Im Rückblick scheint mir das eine ungeheure Zeitverschwendung! Denn in Wahrheit war ich in dieser Lebensphase nicht nur von der Trauer um meinen Mann bestimmt. Tatsächlich brachte ich meine kostbaren Tage damit zu, mich vor einem Leben ohne ihn zu fürchten. Und das ist eindeutig etwas anderes.

Bedenken Sie: Trauer bedeutet nicht unbedingt, dass man ständig weint und traurig ist. Ihr Leben nach dem Verlust muss nicht schlechter sein als das Leben davor. Im Gegenteil, ich bin der Überzeugung, dass es besser sein kann … denn Sie sind inzwischen gewachsen, haben viel über sich gelernt und sich in all den harten Tagen und Nächten der Trauer weiterentwickelt.

Für den Neustart nach einer Verlusterfahrung braucht es Mut, Tapferkeit, Unerschrockenheit und eine große Portion harter Arbeit. Seien Sie daher gut zu sich und schenken Sie dem Prozess Vertrauen. Über eines müssen Sie sich im Klaren sein: Ein proaktiver Lebensstarter zu sein ist wahrscheinlich sehr viel schwieriger, als jahrelang passiv zu trauern und den Neubeginn immer wieder aufzuschieben. Dafür gewinnen Sie jedoch ungleich viel mehr.

Glück.
Erfolg.
Verbundenheit.
Begeisterung.

Flaschenpost

Der Neustart ins Leben ist oft eine einsame Angelegenheit.
Der Wandel zu dem Menschen, der du gern sein möchtest, wird dem Verlust, den du bereits erfahren hast, noch weitere hinzufügen.
Zum Beispiel den Verlust deiner bisherigen Beziehungen.
Und den Verlust vieler Brücken, die dich mit deinem früheren Leben verbanden.

Es könnte sich fast so anfühlen, als würdest du eine andere Sprache sprechen.
Und dann wirst du sie spüren: die Einsamkeit der Rückkehr ins Leben.
Unerwartet.
Überraschend.
Und doch notwendig, damit die Transformation stattfinden kann.
Wenn wir einen schmerzlichen Verlust erleiden, unser Leben auf schreckliche Weise auseinanderfällt und uns das Herz bricht, dann sind wir ganz allein.
Entwicklung findet nicht in dem Moment statt, in dem uns das Herz bricht, sondern wenn es heilt. Es ist verwirrend, dass wir in dieser Zeit unsere besten Freunde verlieren und dass wir in den Zeiten der Veränderung niemanden an unserer Seite haben.
Denk dran, du bist jetzt auf einem ganz anderen Weg, auf einer Reise, die du völlig unerwartet und ungeplant angetreten hast. Den Menschen, die das Leben bisher mit dir geteilt haben, fällt es womöglich schwer, dein Verhalten zu verstehen. Vielleicht haben sie das Gefühl, dich zu verlieren. Sie werden sagen, dass du dich verändert hast. Sie werden wütend sein, weil du keine Zeit für sie hast.
Mach dir klar, dass dies gar nicht der Punkt ist. Es geht um die fehlende Gemeinsamkeit. Es gibt keine gemeinsamen Erlebnisse mehr, die euch verbinden.
Versuche nicht mehr, zu Menschen eine Verbindung herzustellen, bei denen du auf Widerstände stößt.
Lass es einfach sein.
Lass dich von deiner Transformation tragen.
Lass dich von deiner Wahrheit über dich selbst tragen.
Es gibt derzeit andere Dinge, über die es nachzudenken gilt. In dieser einsamen Wandlungsphase musst du neue

Fähigkeiten entwickeln, dich womöglich um eine neue Karriere kümmern, eine neue Arbeit, eine neue Liebe finden.
Du musst eine neue Beziehung zu dir selbst finden.
Da ist kein Platz für Schuldgefühle.
Kein Platz für Scham.
Nur Raum, wieder Leben zu atmen.
Der Neustart ins Leben ist nicht nur ein Aktivierungsprozess, sondern auch eine Reise in ein neues Selbst hinein, das sich selbst überlassen bleibt, um sich zu entwickeln und neue Bezugspersonen zu finden.
Manche Menschen werden dich begleiten.
Andere nicht.
Sei einverstanden damit.
Das gehört zu einem Neustart dazu.

Mit evolutionären Grüßen
Christina

Kapitel 6

Neustarter-Übungsprogramm, vierte Stufe: Auf Entdeckungsreise

Irgendwie … wusste ich, dass alles gut werden würde.
Was ich nicht wusste, war, dass es mehr als das sein würde.
Meine Zukunft hielt das reinste Feuerwerk an Überraschungen für mich bereit.
Und zwar ein so unvorstellbares und gutes Leben, dass ich manchmal nicht weiß, ob ich bloß träume.

Egal was Ihnen zugestoßen ist – es ist Ihr Geburtsrecht, sich lebendig zu fühlen.

Denn Sie kamen mit der Fähigkeit auf die Welt zu leben, zu lieben, zu lachen, zu träumen, kreativ zu sein und zu spielen.

Jetzt ist die Zeit gekommen, diese Fähigkeit zurückzugewinnen.

Ich hoffe, Sie sind bereit, sich selbst zu entdecken.

Mit Ihren Verbindungsschritten haben Sie schon einmal den Zeh in den Fluss des Lebens gehalten. Bei der Berührung mit dem Wasser hat sich jedoch gleich Ihr Überlebens-Ich – der Anteil in Ihnen also, der sich mit dem Verlust identifiziert – zu Wort gemeldet und Ihnen gesagt, was Sie zu tun haben, um auf der sicheren Seite zu bleiben. Das Überlebens-Ich behauptet: »Ich kann mich nicht ändern … das geht einfach nicht … denn sonst passiert etwas Furchtbares.«

Wie Sie bereits wissen, möchte Ihr Überlebens-Ich, dass Sie im Warteraum bleiben, wo es Sie vor Verletzungen schützen kann – und zwar für immer. Hier liegt die Quelle Ihrer Angst, die sehr überzeugende Ansichten produziert, was erlaubt ist und was nicht. Sie dürfen zum Beispiel auf keinen Fall leichtsinnig sein. Sie dürfen Ihre Arbeit nicht wechseln. Sie dürfen erst anfangen, auf Partnersuche zu gehen, wenn Sie zwanzig Kilo abgenommen haben.

Die Stimme des Überlebens-Ichs hat große Überzeugungskraft. Sie lässt sich alle möglichen Gründe einfallen, damit Sie sich auch wirklich an diese Regeln halten.

Wenn man sich mitten im Trauerprozess befindet, ist das Leben oft extrem anstrengend, da wir uns ja ständig mit Ängsten und Zweifeln auseinandersetzen müssen. Das Überlebens-Ich, dessen Aufgabe darin besteht, uns auf Gefahren und Hindernisse aufmerksam zu machen, schien in der ersten Phase des Trauerns, wenn die Wunden des Verlustes noch bluten, durchaus hilfreich und sogar notwendig gewesen zu sein. In dem Moment jedoch, wenn wir die Trauer hinter uns lassen und ins Leben zurückkehren möchten, müssen wir den Überlebensmodus überwinden und uns mehr Raum sowie die Erlaubnis geben, die Welt zu erforschen und uns selbst auszudrücken.

Auf dieser vierten Stufe des Neustarter-Übungsprogramms werden Sie sich daher bei Ihrem Überlebens-Ich für all seine guten Absichten bedanken und es darum bitten, sich nun eine kleine Auszeit zu gönnen. Dann können Sie sich auf eine Reise in die Vergangenheit begeben, an einen Ort – meist aus der Kindheit –, an dem Sie noch nie von Verlust oder Schmerz berührt worden sind. Hier werden Sie sich mit Ihrem ungebremsten, unschuldigen, neugierigen Selbst verbinden, mit dem Teil von Ihnen, den ich als das *vitale Ich* bezeichne.

Das vitale Ich ist der Träumer in Ihnen, der lebenslustig ist und das Leben erfahren möchte. Vielleicht hat Ihr vitales Ich ja seit Jahren im Tiefschlaf gelegen. Die meisten von uns können sich noch gut an das Ereignis erinnern, das sie aus einem sorglosen jungen Menschen in jemanden verwandelt hat, der dem Leben mit Argwohn gegenübersteht. Für den einen war es eine öffentliche Demütigung im Schulhof. Für einen anderen der Tag, an dem sich die Eltern trennten. Für wieder andere der Tag, an dem ein naher Angehöriger bei einem tragischen Unfall ums Leben kam.

Was immer es für Sie gewesen sein mag – dieses frühe Trauma hat Sie dazu gebracht, sich ein bisschen oder gar ganz zu verschließen. Es hat Sie dazu bewegt, der Welt nicht mehr so zu vertrauen wie zuvor. Dieses Ereignis aus der Vergangenheit hat Ihr Überlebens-Ich zur Welt gebracht.

In diesem Kapitel möchte ich Sie nun auf Ihrem Weg in die Vergangenheit begleiten, damit Sie das Kind wieder zum Leben erwecken können, das Sie waren, bevor Sie zum ersten Mal verletzt wurden. Und damit Sie sich anhören können, was Ihr vitales Ich Ihnen über das Glück zu sagen hat.

Was geschieht in diesem Moment in Ihrem Gehirn?

Durch die Arbeit mit den ersten drei Stufen des Neustarter-Übungsprogramms wissen Sie nun schon, dass Ihr Gehirn auf der physischen Ebene damit beschäftigt ist, ein Netzwerk neuer Nervenbahnen anzulegen, damit Sie Ihre Trauer überwinden können. Emotional haben Sie dies als eine Mischung aus Hochs und Tiefs, aus Leben und Trauer erfahren.

Mental steigert die Entstehung neuer Nervenbahnen Ihre Selbstwahrnehmung. Sie lernen, sich selbst zu beobachten und zu erkennen. Anstatt sich einfach mit Ihrem Verlust abzufinden, können Sie sich jetzt aktiv dafür entscheiden, positiver zu denken.

Auf geistiger Ebene stellen Sie sich die Frage, wo eigentlich Ihr Platz auf dieser Welt ist. Ihre Art, zu leben, zu lieben und Erfolg zu haben, vollzieht einen Wandel. Während wir diesen Prozess im letzten Kapitel durch die Frage nach unserer größten Sehnsucht im Leben in Gang gesetzt haben, werden wir jetzt voll in ihn eintauchen. Wir werden genau abstecken, wie dieses künftige Leben aussehen wird, und uns dazu die Vergangenheit und die Gegenwart anschauen.

Etwas zu entdecken ist kein logischer, rationaler Vorgang. Es ist etwas, in das man sich *hineinfühlen* muss.

Unser »neues Ich« kann uns ziemlich durcheinanderbringen, denn das Gehirn hat Mühe zu verstehen, was eigentlich gerade vor sich geht, und muss dazu nach neuen Bezugssystemen suchen. Wahrscheinlich fühlen Sie sich, als wären Sie allein in einer fremden Umgebung ohne die geringste Ahnung, wohin Sie im Leben gehen sollen, da Sie sich nicht einmal mehr selbst wiedererkennen. In Wahrheit sind Sie jedoch gar nicht ein gänzlich neues Ich. In Ihrem biologischen Gehirn sind noch immer alle Ich-Versionen enthalten, die Sie jemals gewesen sind.

Manche Ihrer Nervenbahnen sind dabei, einzuschlafen oder ausgeschaltet zu werden. Andere Nervenbahnen, die bislang geschlafen haben, wachen nun langsam auf und werden reaktiviert. Und schließlich stabilisieren sich auch ganz frische, neue Nervenbahnen. Außerdem besteht weiterhin die Möglichkeit, noch mehr Nervenbahnen zu formen.

Während Sie Ihr Selbstverständnis neu definieren und sich vorstellen, was die Zukunft für Sie birgt, können Sie wertvolle Anteile von sich zurückgewinnen, die Sie verloren oder vergessen hatten, weil sie keine Beachtung fanden oder unterdrückt wurden.

Das vitale Ich ist einer davon.

Jetzt benötigen Sie diese Fähigkeit mehr denn je.

Das Gehirn läuft gern auf Autopilot. Solange Sie sich keinen Grund geben, an erfreuliche Dinge zu denken, wird Ihr Überlebens-Ich als Autopilot agieren. Erst wenn Sie dem vitalen Ich eine Chance geben, seine Wahrheit zu sagen, und wenn Sie lernen, ihm zuzuhören, werden Sie in der Lage sein, die Standardeinstellung Ihres Gehirns zu verändern.

Die Brücke zur Vergangenheit

Vor einigen Jahren stellte ich fest, dass ich Trauernden eine Möglichkeit geben musste, ihre Lebensgeschichte und Verlusterfahrung aus verschiedenen Blickwinkeln zu erzählen, damit sie wieder ins Leben zurückkehren konnten. Wenn ich sie bat, ihre Nervenbahnen zu beschreiben, verschlossen sie sich emotional. Wenn ich ihnen dagegen half, Zugang zu den verschiedenen, in ihrem Gehirn vorhandenen Anteilen zu finden, und sie diesen Anteilen oder auch Persönlichkeiten in sich erlaubten, ihre jeweilige Geschichte zu erzählen, dann stiegen sie so in den Prozess ein, dass sich Ergebnisse zeigten. Und zwar beachtliche!

Diese Art des Geschichtenerzählens nenne ich *Brücke zur Vergangenheit*. Sie gehört seitdem zu den wichtigsten Bestandteilen meiner Arbeit mit Lebensstartern. Sie hilft ihnen, sich in die ferne Vergangenheit zurück eine Brücke zu bauen, die an dem Schmerz und der Angst der Gegenwart und der jüngsten Vergangenheit vorbeiführt. Diese Brücke stellt eine unmittelbare Verbindung zwischen ihrer glücklichen Vergangenheit und ihrer Zukunft her.

Steven J. Siegel vom Mahoney Institute of Neurological Sciences an der Universität Pennsylvania hat umfangreiche Forschungen betrieben über die Fähigkeit des Gehirns, den Geist in andere Erfahrungsbahnen zu lenken.[11] Diese Fähigkeit, den Geist zu lenken, kann uns die Augen für alle möglichen Dinge öffnen, über die wir vielleicht noch nie nachgedacht hatten, die uns jedoch bei der Gestaltung eines wunderbaren Lebens dienlich sein könnten.

Lassen Sie mich ein Beispiel nennen. Karen, die ich nach ihrer Scheidung coachte, tat sich bei dem Gedanken an die Zukunft sehr schwer. Als ich sie an die Übung »Brücke zur Vergangenheit« heranführte und fragte: »Wann haben Sie sich zum letzten Mal ganz bei sich gefühlt, bevor Sie wussten, was Verlust bedeutet?«, versetzte sie sich zurück in eine Zeit viele Jahre vor ihrer Hochzeit, in der sie gern getanzt hatte, und entdeckte so diese lang vernachlässigte Glücksquelle für sich neu. Plötzlich war sie wieder in Kontakt mit ihrem vitalen Ich, das ihr half zu erkennen, dass Tanzen einen wesentlichen Bestandteil ihres Glücks ausmachte. Und Karen blühte auf, als sie nun wieder zu tanzen begann.

Wenn Sie sich umschauen, fällt Ihnen vielleicht auf, wie viele Menschen auf der Welt den Glauben verloren haben, dass das Leben ihnen Glück zu schenken vermag. Selbst diejenigen, die keinen schweren Verlust erlitten haben, fühlen sich oft nicht in der Lage, das Leben ihrer Träume zu leben. Ein Grund besteht darin, dass sie die Stimme ihres vitalen Ichs zum Schweigen gebracht haben, obwohl doch gerade sie ihnen helfen könnte, sich als

Meister ihres Schicksals zu sehen. Vielleicht waren Sie vor Ihrem Verlust ja auch so … und glaubten nicht, dass Ihr Leben richtig schön sein könnte. Da Sie nun schon so weit mit mir gegangen sind, hoffe ich, dass sich für Sie das Blatt Ihres Glaubens inzwischen gewendet hat. Denn genau dazu dienen Ihre Verbindungsschritte: Sie sollen wirklich glücklich werden.

Diejenigen unter uns, die mit einer Verlusterfahrung leben und eine Zeit der Trauer durchleiden, bekommen nun die Gelegenheit, wirklich bewusst zu wählen, wie und wann sie ihr Glück zurückgewinnen wollen. Im jetzigen Übungsstadium entscheiden wir uns dafür, eine Brücke zu den verschiedenen – bereits in uns vorhandenen – mentalen Landkarten zu bauen und uns zwischen ihnen hin und her zu bewegen, bis wir das in uns entdecken, was wir brauchen, um ganz ins Leben zurückkehren und in der Zukunft ankommen zu können.

Tief im Innern kennen wir unsere Fähigkeiten, unser unglaubliches Durchhalte- und Entfaltungsvermögen längst – und eigentlich sind wir uns ihrer schon lange gewiss. Dennoch tun wir oft so, als wüssten wir nicht, was uns glücklich macht. Damit wir hoffnungsvoller und neugieriger in die Zukunft blicken können, wollen wir uns nun in diesem Stadium des Übungsprogramms das Ziel setzen zu überprüfen, wer wir waren, bevor wir das Vertrauen ins Leben verloren haben.

Verabschieden Sie sich von Ihrem Überlebens-Ich

Bevor wir den vielleicht wichtigsten Schritt auf unserer Reise zurück ins Leben in Angriff nehmen, muss ich Sie bitten, auf den Prozess zu vertrauen. Bitte bleiben Sie bei der Stange, auch wenn ich Sie jetzt zu etwas auffordern möchte, das womöglich Ängste bei Ihnen auslöst.

Können Sie sich noch daran erinnern, wie Sie sich die Angst zur besten Freundin wählten? Und sie für alles schätzten, was sie für Sie tun wollte? Im Lauf dieses Prozesses schlossen Sie im Wesentlichen Freundschaft mit dem Überlebens-Ich. Jetzt sind Sie so weit, mit dieser Freundschaft noch einen Schritt weiterzugehen – Sie können Ihrem Überlebens-Ich noch mehr Liebe erweisen, indem Sie es freigeben.

Dieser Vorgang macht vielen Menschen Angst. Ihr Überlebens-Ich hat Sie so lange beschützt, dass Sie sich vielleicht gar nicht von ihm verabschieden möchten. Allein schon der Vorschlag versetzt manche Leute in Panik. Sie befürchten, dass mein Ansinnen sie womöglich zerbrechen wird. Sie denken vielleicht: »Warum soll ich dieses Selbst zerstören, das ich mit solcher Mühe zusammengehalten habe?«

Ich darf Ihnen versichern: Ich möchte selbstverständlich nicht, dass Sie zerbrechen. Und das werden Sie auch nicht!

Ich weiß, wie sehr Sie diesen Anteil von sich lieben und zu brauchen meinen. Das Überlebens-Ich war Ihnen ein guter Freund und immer da, wenn alle anderen Sie allein gelassen haben. Es hat Sie vor all Ihrem Schmerz und Leid beschützt. Es hat Ihnen im Warteraum Gesellschaft geleistet. Wie allerbeste Freunde es tun, hat es Ihnen die Sicherheit geregelter Tagesabläufe geschenkt. Es ist sehr besorgt um Sie. Um sich voll und ganz auf Ihre Zukunft einlassen zu können, müssen Sie jedoch lernen, ohne seinen ständigen Schutz zu leben. Auf Ihrem Weg über die Brücke zur Vergangenheit werde ich Sie bitten, sich vorübergehend von Ihrem Überlebens-Ich zu verabschieden und den nötigen Platz zu schaffen, damit Sie weitergehen können. Damit Sie sich die Möglichkeit, die Freude und die Freiheit einräumen, ein Leben zu wählen, das die guten Erfahrungen der Vergangenheit mit einschließt. Sie möchten Platz für Ihr vitales Ich schaffen. Das Überlebens-Ich wird immer da sein, wenn Sie es brauchen, aber es sollte eher ein guter Bekannter sein als Ihre Bezugsperson.

Nehmen Sie sich, bevor Sie die Brücke zur Vergangenheit überqueren, einen Augenblick Zeit, um Ihr Überlebens-Ich an einem sicheren Ort Unterschlupf finden zu lassen. Stellen Sie sich vor, dass es eine Reise irgendwohin geschenkt bekommt, wo es warm ist und wo es sich amüsieren und erholen kann – vielleicht an einen Ort, an den Sie selbst gern fahren würden. Denken Sie dabei daran, dass das Überlebens-Ich sehr gut zu Ihnen gewesen ist. Vergessen Sie nicht, sich zum Abschied bei ihm für seine Dienste zu bedanken. Erkennen Sie an, was es für Sie getan hat. Drücken Sie ihm Ihre Dankbarkeit aus.

Fragen Sie es dann, bevor es sich auf den Weg macht, ob es Ihnen noch etwas zu sagen hat. Vielleicht will es Ihnen ja einen Rat geben wie »Sei vorsichtig!« oder »Sei nachsichtig mit dir!«. Hören Sie ihm einfach zu.

Klarheit über die eigene Beziehung zum Überlebens-Ich ist die Voraussetzung, um es – einstweilen – freizugeben, damit Sie sich für Ihre Rückkehr ins Leben weitere Bereiche des Gehirns zunutze machen können.

Schließen Sie nun die Augen und visualisieren Sie die Abreise Ihres Überlebens-Ichs. Fühlen Sie und sehen Sie, wie es sich an den Ort begibt, den Sie für es ausgesucht haben.

Wie weit fort Sie es schicken wollen, hängt von Ihrer Komfortzone ab. Eine Klientin von mir schickte ihr Überlebens-Ich auf die Bahamas zum Cocktail-Trinken am Strand. Eine andere schickte ihres auf eine Mittelmeer-Kreuzfahrt. Manche Menschen sind durchaus einfallsreich in der Wahl der Reiseziele. Ein Mann schickte sein Überlebens-Ich zum Beispiel auf einen weit entfernten Planeten; er benötigte diese große Distanz, um seine Stimme nicht mehr zu hören. Manch einer fängt an zu kichern, wenn ihm ein besonders toller Ort einfällt, wohin er sein Überlebens-Ich in den Urlaub schicken möchte. Wundern Sie sich daher nicht, wenn bei dieser Freigabe Freude in Ihnen aufkommt.

Haben Sie Ihr Überlebens-Ich erst einmal an einen sicheren Urlaubsort geschickt, sind Sie frei für neue Gedanken und Träume. Und für eine Begegnung mit Ihrem vitalen Ich.

Gelegentlich möchten Klienten von mir ihr Überlebens-Ich am liebsten bestrafen. Sie sind böse über ihre Angst und über ihr zu langes Verharren im Warteraum. Ein normalerweise sehr friedlicher Zeitgenosse schrie sein Überlebens-Ich plötzlich an und beschimpfte es. Seine Wut brach sich Bahn, als ihm bewusst wurde, dass er sich von ihm trennen konnte. Er spürte mit einem Mal, dass die Stimme seines Überlebens-Ichs ihn daran gehindert hatte, der Mann zu sein, der er immer hatte sein wollen. Nach seinem Ausbruch entschuldigte er sich bei mir für seinen Ausrutscher. Bei unserem anschließenden Gespräch half ich ihm zu erkennen, dass dieser Anteil von ihm nicht sein Feind war – er hatte nur versucht, ihn zu beschützen.

Es ist wichtig, diesem Teil von sich auch dann mit Respekt, Liebe und Fürsorge zu begegnen, wenn Sie ihn bitten, sich zurückzuziehen. Ihr Überlebens-Ich lebt in Ihnen und wird dies auch immer tun. Dennoch sind und bleiben Sie der Chef.

Ich hatte einmal eine Klientin, die ihr Überlebens-Ich nur in das Zimmer nebenan schicken wollte. Ihr Name war Kelly, sie war fünfundfünfzig Jahre alt und hatte etwa zehn Jahre mit ihrem Überlebens-Ich gelebt. Nach dem Tod ihres Mannes war sie mittellos zurückgeblieben. Sie hatte buchstäblich kein Dach über dem Kopf und kein Geld, um sich und ihre Tochter durchzubringen. Ein Jahr lang hatten sie in einem Obdachlosenheim gelebt, während sie als Putzfrau arbeitete und Geld sparte, um eine eigene Wohnung mieten zu können. Ihr Überlebens-Ich war so unverzichtbar und stark geworden, dass es Kelly besonders schwerfiel, es gehen zu lassen. Das Äußerste, was sie sich vorstellen konnte, war, es im Schlafzimmer ein Nickerchen halten zu lassen. Und das genügte auch schon! Kaum hatte sich das Überlebens-Ich schlafen gelegt, war Kelly in der Lage, in die Vergangenheit zu reisen und einen Teil von sich wiederzufinden, den sie dort zurückgelassen hatte – eine sorglose junge Frau, die davon träumte, Friseurin zu werden.

Begegnen Sie Ihrem vitalen Ich

Nachdem Sie Ihr Überlebens-Ich in den Urlaub geschickt haben, gibt es in Ihrem Leben nun Raum für die Begegnung mit einem neuen Teil Ihres Selbst.

Machen Sie es sich bequem und schließen Sie die Augen.

Lassen Sie vor Ihrem inneren Auge eine wunderschöne Brücke auftauchen. Diese Brücke wird Sie zurückführen in eine vergangene Zeit, als Sie noch keinen nennenswerten Schmerz oder Verlust kannten. Dort werden Sie Ihrem vitalen Ich begegnen. Eigentlich hätte ich Ihnen diesen Teil von Ihnen gern schon viel früher vorgestellt, aber ich musste mich gedulden, denn wenn das vitale Ich zu früh ins Spiel kommt, wird es einfach wieder hinausgeworfen. Sein Erscheinen führt zu häufig dazu, dass Überlebensgedanken aktiviert werden.

Durch Ihre Verbindungsschritte sind Sie nun bereit, diesen träumenden, dem Leben zugewandten Teil von sich – eben das vitale Ich – willkommen zu heißen. Da Sie jetzt ausreichenden Abstand zwischen sich und Ihrem Überlebens-Ich hergestellt haben, gibt es im Kopf genug Platz, um sich wieder mit diesem Teil Ihres Selbst zu verbinden, das gerne lacht, sich freut und liebt.

Sehen Sie sich selbst, wie Sie die Brücke überqueren und in einer Zeit Ihres Lebens ankommen, in der Sie noch keinen Verlust kannten, in der Ihr Leben friedlich und glücklich verlief und Sie sich lebendig fühlten. Vielleicht waren Sie damals noch ein Kind oder gerade erst erwachsen geworden. Erinnern Sie sich an Ihr Lächeln, an Ihre Herzenswünsche und an Ihre Liebe zum Leben. Gehen Sie so weit zurück wie nötig, um diese Zeit wiederzufinden. Können Sie sich noch daran erinnern?

Gelingt Ihnen diese Reise in die Vergangenheit mitsamt den damaligen Gefühlen, aktiviert dies einen Anteil von Ihnen, der weiß, wie man gedeihen und lebendig und glücklich sein kann. In dieser Übung möchte ich Sie bitten, sich mit dem träumenden Selbst vertraut zu machen, mit dem Selbst, das optimistisch war und daran glaubte, dass im Leben immer Gutes geschehen kann.

Haben Sie noch eine glückliche Erinnerung an dieses frühere Ich? Erinnern Sie sich an Ihr Lächeln und daran, wie es sich damals anfühlte, lebendig zu sein – damals, als es noch keinen Verlust, keinen Schmerz und keine Angst gab?

Wie alt waren Sie damals?

Was für Gedanken hatten Sie?

Erinnern Sie sich an sich selbst. Versetzen Sie sich

noch einmal ein paar Minuten in Ihr damaliges Leben hinein.

Gibt es etwas an Ihrem glücklichen Selbst, das Sie vergessen hatten?

Was war damals so fröhlich an Ihnen? Waren Sie künstlerisch oder sportlich aktiv oder einfach nur ein Kind, das gern Spaß hatte und die eigene Welt fröhlich mit allen teilte?

Das Selbst, mit dem Sie sich jetzt neu verbinden, ist Ihr vitales Ich, ein Träumer und Abenteurer, der das Leben und die Menschen liebt. Das vitale Ich hat ein leidenschaftliches Herz. Es möchte Liebe geben und empfangen.

Wie sieht dieser Teil von Ihnen aus?

Was würde das vitale Ich Ihnen sagen, wenn es das könnte? Hören Sie ihm zu.

Laden Sie diesen wiedererweckten Teil von sich nun ein, Sie auf dem Rückweg über die Brücke in die Gegenwart zu begleiten. Spüren Sie, wie Sie sich auf diesem Weg verändern? Haben Sie einen anderen Rhythmus beim Gehen? Vielleicht sind Ihre Schritte ja ein wenig schneller, ohne deswegen gleich hastig zu sein. Sie sind begeistert, dass Sie sich wieder so fühlen, nachdem Sie sich so lange durch die Tage geschleppt haben. Stellen Sie sich vor, dass Ihr vitales Ich Sie an der Hand nimmt, weil es noch schneller in der Gegenwart ankommen möchte.

Lassen Sie die Augen geschlossen, wenn Sie wieder im Hier und Jetzt angelangt sind, und halten Sie noch einen Moment inne. Nehmen Sie sich selbst wahr. Fühlen Sie sich anders im Herzen als vorher? Können Sie sehen, dass dieser Teil von Ihnen immer da war und nur darauf gewartet hat, dass Sie sich an ihn erinnern, ihn anerkennen und wieder erleben?

Nehmen Sie sich einen Augenblick Zeit, um sich an Ihren Gefühlen zu wärmen.

Öffnen Sie die Augen, sobald Sie bereit dazu sind.

Geboren zu leben, lachen und lieben

Unser Gehirn ist in der Lage, sich zu regenerieren, neu zu organisieren und aufzubauen und neue Verbindungen herzustellen. Obwohl Sie gerade einen Spaziergang in Ihre Vergangenheit unternommen haben, war das vitale Ich doch schon immer in Ihrem Gehirn vorhanden. Wenn Sie die Nervenbahnen, die mit Abenteuer und Leben verknüpft sind, lange nicht genutzt haben, dann nur, weil sie inaktiv waren. Durch die einfache Entdeckungsübung, die Sie gerade gemacht haben, sind sie nun wieder aktiviert worden.

Die Trauer verdunkelt unser Leben nach einer Verlusterfahrung so sehr, dass sich die Leuchtkraft der Welt nach der Reaktivierung des vitalen Ichs oft erheblich verstärkt. Die durch diese Reaktivierung auftauchenden Gedanken müssen Sie von nun an praktizieren und sich immer wieder vergegenwärtigen, wenn Sie den Automatismus oder die Standardeinstellung Ihres Gehirns verändern möchten. Ja, Sie haben Schmerz und Schweres durchlitten. Aber Sie sind auf der Welt, um sich weiterzuentwickeln.

Es ist völlig in Ordnung anzuerkennen, dass die Trauer Geschenke mit sich bringt. Es gibt uns Tiefe und lehrt uns Mitgefühl, verlagert aber auch den Fokus nach innen und somit weg von jeglicher Kreativität und Abenteuerlust. Wir müssen uns wieder in die Lage versetzen, uns nach außen zu orientieren, damit wir einen Neuanfang wagen und nach dem Ende der Trauer wieder voll und ganz ins Leben zurückkehren können.

Sie nähern sich jetzt diesem Wendepunkt.

Dank des Neustarter-Übungsprogramms hatte ich das Glück, vielen Neugeburten des vitalen Ichs beizuwohnen – ein Erlebnis, das ich jedes Mal als beglückend empfand. Besonders ein Fall wird mir immer in warmer Erinnerung bleiben.

An Tara erinnere ich mich so gut, weil sie nach der Reaktivierung ihres vitalen Ichs einen erstaunlichen Wandel durchlief. Als sie zu meinem Neustarter-Übungsprogramm kam, ging es ihr gar nicht gut. Es gab Tage, an denen sie es nicht schaffte, morgens überhaupt aufzustehen. Sie hatte sich drei Jahre zuvor scheiden lassen und war nun alleinerziehende Mutter von zwei kleinen Mädchen, ein Umstand, der mich an die Zeit nach dem Tod meines Mannes erinnerte. Tara stammte aus einer Familie, in der höhere Bildung, Fleiß und traditionelle Berufe in Bereichen wie Recht, Medizin oder Rechnungswesen großgeschrieben wurden. Sie hatte daher als Krankenschwester ihr Leben lang hart gearbeitet, um Geld zu verdienen und einen ebenbürtigen Beitrag zum Familienunterhalt zu leisten. Dann kam die Scheidung, und die Grundlage von all dem, woran sie geglaubt hatte, geriet ins Wanken. Die Werte, die sie von ihren Eltern übernommen hatte, lösten sich in Luft auf. Sie hatte keine Richtlinien mehr, an denen sie sich hätte festhalten können.

Gleich zu Beginn war mir bei Tara etwas aufgefallen, das mich faszinierte. Ihre Überlebensgedanken waren natürlich stark ausgeprägt. Sie sorgten dafür, dass sie morgens irgendwann doch immer aufstand und sich in ihrer Arbeit abrackerte. Zugleich war jedoch auch ihr vitales Ich mit seinen Gedanken stark vertreten. Immer war ein Teil ihrer Aufmerksamkeit auf die Zukunft und auf die Aussicht gerichtet, eines Tages wieder glücklich zu sein.

Zum Glück glaubte sie, dass ihre Depression und ihre Desorientierung nur vorübergehend sein würden.

Ich erinnere mich noch an die Woche, in der wir ihrem vitalen Ich begegneten. Sie flog diesem Teil von sich förmlich entgegen, so schnell und rückhaltlos, dass sie ganz euphorisch wurde. Danach lichtete sich ihre Depression sozusagen über Nacht. Sie ließ ihr Überlebens-Ich frei, verband sich wieder mit der Fähigkeit, ihre vitalen Ichs zu träumen, und öffnete sich damit ganz schnell die Türen zu einem neuen, sprudelnden Leben. Dieses neue Leben beinhaltete nicht nur eine neue Partnerschaft, die sich erheblich von ihrer Ehe unterschied, sondern auch einen unkonventionellen Beruf. Sie war begeistert von der Idee, sich als Fotografin selbständig zu machen. Während Tara sich Schritt für Schritt und Tag für Tag mit ihren Träumen, freudvollen Aktivitäten und ihrer Kreativität verband, wurden die mit dem vitalen Ich verknüpften Nervenbahnen immer stärker.

Verbinden Sie sich mit Ihrem vitalen Ich

Bei der ersten Begegnung mit ihrem vitalen Ich sind die meisten Menschen zuerst einmal sehr euphorisch. Ohne Hilfe von außen hält diese Euphorie in der Regel jedoch nicht lange an. Sie ist wie eine Blase, die platzt, sobald man sich nicht mehr aktiv dafür entscheidet, sich an sein vitales Ich zu erinnern und sich damit zu verbinden. Dieser Anteil von Ihnen ist wie eine Topfpflanze: Ohne die nötige Aufmerksamkeit kann sie nicht überleben. Alle Pflanzen brauchen Wasser und Sonnenlicht. Ihr vitales Ich braucht Nahrung.

Auch nach dieser ersten Begegnung müssen Sie engen Kontakt zu Ihrem vitalen Ich halten, damit sich die wiedergeweckten Nervenbahnen stabilisieren. Nehmen Sie sich dafür zunächst eine Kleinigkeit vor, etwas, mit dem Sie Ihr träumendes Selbst täglich zelebrieren und erkunden können.

Eine Möglichkeit, es daran zu hindern, wieder einzuschlafen, wäre zum Beispiel, alte Fotos von sich in Ihren frühen Lebensjahren aufzustellen. Bringen Sie sie in der Nähe Ihres Computers an oder an einer anderen gut sichtbaren Stelle wie am Kühlschrank in der Küche, wo Ihr Blick oft hinfällt.

Außerdem könnten Sie aufschreiben, was Sie beim Betrachten dieser Bilder von Ihrem glücklichen Selbst empfinden.

Tun Sie täglich alles, was Sie nur können, um die Brücke zur Vergangenheit geistig am Leben zu halten. Ich habe in meiner Arbeit und in meinem Privatleben drei unterschiedliche Versionen des vitalen Ichs in mir gefunden: das Beziehungs-, das kreative und das physische Ich. Jedes lenkt die Aufmerksamkeit darauf, einen bestimmten Bereich des Lebens nicht nur optimal zu führen, sondern fügt ihm auch noch eine neue Dimension in der Zukunft hinzu. Im Folgenden zeige ich Ihnen die Wege, die ich gefunden habe, um mich aktiv mit jedem einzelnen dieser Teile von mir zu verbinden.

Kontaktaufnahme mit dem vitalen Beziehungs-Ich

Bleiben Sie dran und wachsen Sie in die wiedererweckte Identität Ihres vitalen Ichs hinein, indem Sie sich aktiv mit Ihren Beziehungen verbinden. Gab es in der Vergangenheit eine Beziehung, die Sie besonders schätzten? Machen Sie die Übung »Brücke zur Vergangenheit«, um Kontakt aufzunehmen mit dieser Erinnerung.

Was war so besonders an der Person, mit der Sie Ihre Zeit so gern verbrachten?

Was haben Sie gemeinsam unternommen?

Schauen Sie sich um, ob es in Ihrem jetzigen Leben Menschen gibt, die der Person ähneln, die Sie liebten. Und nehmen Sie – falls Sie nur ein klein wenig aus Ihrer Komfortzone heraustreten mögen – Kontakt zu ein paar Leuten auf, die Sie gern besser kennenlernen würden und die ähnliche Eigenschaften verkörpern.

Natürlich ist es nicht immer einfach, neue Beziehungen aufzubauen. Wenn wir jedoch täglich fünf Prozent unserer Zeit in die Herstellung neuer Beziehungen investieren, kommen sie auch bald in Schwung. Sie könnten zum Beispiel eine E-Mail an jemanden schicken, der Ihnen auf Anhieb sympathisch war, den Sie aber noch nicht gut kennen. Oder Sie rufen einen neuen Bekannten an, wenn Sie sich danach fühlen.

Achten Sie darauf, dass Sie nicht mit jemand x-Beliebigem Kontakt aufnehmen; wichtig ist, dass diese Menschen wirklich den Wünschen entsprechen, die Ihr vitales Ich hat. Es geht hier nicht darum, sich wieder generell mit dem Leben zu verbinden; es geht darum, sich mit genau dem Leben zu verbinden, nach dem Sie sich sehnen. Beziehungen zu genießen und darin zu gedeihen stellt einen wesentlichen Bestandteil eines glücklichen Lebens dar. Unsere Kreativität wird gestärkt, wenn wir von Menschen umgeben sind, von denen wir uns geliebt fühlen und die uns glücklich machen. Bitte trauen Sie sich, zeigen Sie der Welt – und natürlich auch Ihrem vitalen, gedeihenden Gehirn – Ihre vitale, gedeihende Persönlichkeit.

Sie werden feststellen, dass Sie auf diese Weise auch vitale Menschen in Ihr Leben treten lassen, die zu Ihrer neuen Lebensauffassung passen. Halten Sie Ausschau nach den Wundern, die Ihr vitales Ich im Innern für Sie bereithält, und nehmen Sie wahr, wie sich das Leben auch äußerlich Stück für Stück und mit einer Begegnung nach der anderen verändert.

Kontaktaufnahme mit dem vitalen kreativen Ich

Haben Sie erst einmal erlebt, wie es ist, in die Identität Ihres vitalen Ichs zu schlüpfen, werden Sie sich zunehmend die innere Erlaubnis erteilen können, Ihr Leben von diesem neuen Standpunkt aus handzuhaben. Dabei öffnen sich Ihnen wiederum neue Türen in eine Welt, in der aufregende und unerwartete Entwicklungen auf Sie warten.

Während Sie sich mit Ihrem vitalen Ich verbinden, könnte es Ihnen ähnlich ergehen wie Tara: Vielleicht fühlen Sie sich zu einem neuen Beruf oder zu neuen Hobbys und Interessen hingezogen. Für viele Menschen ist es eine überraschende Erkenntnis, dass jeder von uns eine überaus kreative Seite hat und dass wir über unser vitales Ich Zugang zu ihr finden.

Die Lebendigkeit dieses Anteils in uns wird häufig zu einem Kraftstoff, der uns motiviert und hilft, ängstliche Gedanken zu überwinden, die das Überlebens-Ich uns suggeriert. Auch die Auseinandersetzung mit neuen Lerninhalten lässt uns ängstliches Denken überwinden.

Haben Sie Lust, einer neuen Leidenschaft im Leben zu frönen oder eine solche zu entwickeln, dann sollten Sie zuerst einmal den entsprechenden Atemraum dafür herstellen. Bitten Sie Ihr Überlebens-Ich, sich ein wenig schlafen zu legen oder zum Beispiel in Paris einen Kaffee trinken zu gehen.

Legen Sie Ihre Lieblingsmusik auf und nehmen Sie Kontakt mit der Lebendigkeit Ihres vitalen Ichs auf.

Schauen Sie sich Ihr Projekt nun ein wenig genauer an.

Vielleicht geht es ja darum, etwas ganz Neues auszuprobieren. Vielleicht ist es etwas, das Sie schon lange tun wollten, wozu sich aber nie die Gelegenheit bot. Taras erster Schritt bestand darin, dass sie mit ihrer alten Kamera Fotos machte und sie ihren Freunden zeigte. Dieser kleine kreative Verbindungsschritt brachte dann vieles andere in Gang.

Was könnten Sie Kreatives tun, woran Sie andere gern teilhaben lassen würden?

Denken Sie dran, dass die Verbindungsschritte zu Ihrem vitalen Ich Ihnen zunächst nur fünf Prozent Einsatz abverlangen – es sei denn, Sie selbst möchten den Einsatz erhöhen. Solange ein Anteil von Ihnen täglich kreativ gedeiht, tun Sie Schritte in die richtige Richtung, nämlich zurück ins Leben.

Kontaktaufnahme mit dem vitalen körperlichen Ich

Sobald Sie Ihr vitales Ich wiedererweckt haben, werden Sie merken, dass sich Ihr Körper schneller bewegt. Auch wenn die Trauer Sie noch immer begleitet und Teil von Ihnen ist, fangen Sie an, sich mehr zu bewegen und aktiver zu sein. Machen Sie so viele Verbindungsschritte wie möglich, um mit Ihrer Bewegungslust in Berührung zu bleiben.

Welche Fitness-Kurse könnten Sie belegen? Wann und wo könnten Sie spazieren gehen?

Nutzen Sie diese Initiative zu Beginn täglich, um Ihr vitales Ich gewissermaßen »an die frische Luft zu führen«. Es nimmt sich gern körperlich wahr, denn es hat unendlich viel Energie. Wenn Sie ihm täglich Bewegung verschaffen, unterstützen und erhalten Sie damit Ihren

Energiepegel. Stellen Sie sich vor, Sie verbinden sich körperlich mit Ihrem vitalen Ich. Je mehr greifbare Erlebnisse Sie mit ihm verknüpfen, desto realer wird auch die Beziehung.

Bevor Sie mit irgendeinem Sport oder einer Gymnastik beginnen, sollten Sie – falls Sie lange gar nichts gemacht oder gesundheitliche Beschwerden haben – allerdings Ihren Arzt konsultieren. Lassen Sie sich jedoch nicht von der Angst Ihres Überlebens-Ichs ausbremsen, neue Aktivitäten auszuprobieren. Eine meiner Klientinnen begann Yoga zu praktizieren, nachdem sie ihr vitales Ich aktiviert hatte. Das war ein großer Schritt für sie, denn ihr Überlebens-Ich hatte ihr weisgemacht, sie könne aufgrund ihres Gesundheitszustandes keinerlei Gymnastik treiben. Als sie bei ihrem Arzt nachfragte, gab er ihr grünes Licht. Erst jetzt traute sie sich in ein Yoga-Studio und stellte fest, dass ihre Ängste völlig unbegründet gewesen waren.

Ihre Stimme klang richtig glücklich, als sie mir von ihrem Yoga-Unterricht erzählte. »Ich hätte nie gedacht, dass ich das könnte«, sagte sie. »Ich war überzeugt, dass mein Körper zu so was gar nicht in der Lage ist.« In Wahrheit war es nicht ihr Körper, der kein Yoga hatte machen können. Es war ihr Gehirn. Ihr Überlebens-Ich hatte sie vor allem geschützt, was sie hätte verletzen können. Und es ist tatsächlich die Aufgabe des Gehirns, den Körper vor Bedrohungen zu schützen. Achten Sie daher auf wiederkehrende Abwehrgedanken, die Sie im Warteraum festhalten und Sie nicht zu Ihrem Geburtsrecht kommen lassen, sich körperlich und geistig lebendig zu fühlen.

Mein vitales Ich

Ich muss zugeben, dass mein vitales kreatives Ich noch vor dem Beziehungs-Ich in Schwung kam. Lange bevor ich davon träumte, eine neue Liebe zu finden, hatte ich bereits davon zu träumen begonnen, mein eigenes Unternehmen zu gründen und eine Welt der Neustarts aufzubauen.

Mein kreatives Ich war mir schon in der Kindheit verlorengegangen, denn ich wurde zu guten Noten und akademischem Erfolg erzogen. Meine Kreativität hingegen wurde so gut wie gar nicht gefördert. Um neu starten zu können, musste ich also zuerst einmal kreativ werden, dann konnte ich mich auch dem Thema Liebe wieder nähern. Intuitiv wusste ich, dass ich erst zu meiner eigenen Stimme finden musste, um einen mir lieben Menschen auch authentisch ansprechen zu können. Bevor ich die Firma *Second Firsts* tatsächlich gründete, war sie in meinem Kopf bereits vorhanden. Die Zeit, die ich mit Tagträumen über meine Zukunft als Gründerin eines Unternehmens verbrachte, gab mir viel Hoffnung.

In diesen Tagträumen sah ich mich immer als eine Frau, die stärker, klüger und selbstsicherer war, als ich mich fühlte. Es war mir eine Freude, mich mit dieser künftigen Version meiner selbst zu verbinden. Jeden Tag suchte ich mein vitales Ich auf, vor allem während meiner Arbeit in der Personalabteilung, die mir nicht besonders zusagte. Mein vitales Ich verhalf mir zu einer Rettungsluke.

Ich glaube, dass ich Eric dank der kreativen Seite meines vitalen Ichs begegnet bin, obwohl dieses Ich damals zugegebenermaßen sehr schwach ausgeprägt war. Aber gerade die Tatsache, dass es mir jene flüchtigen Ausblicke in die Zukunft zeigte, brachte mich schließlich dazu, mich wieder der Welt zu stellen, kreativ zu sein, zu unterrichten, zu schreiben, zu reden und zu lieben. In dem Maße, wie sich meine Verbindung mit Eric vertiefte, wurden auch meine Beziehung und mein kreatives vitales Ich stärker. Ich liebte es, Eric meine kreativen Impulse mitzuteilen, und diese Freude bestärkte mich dann darin, meine innere mit der äußeren Welt zu verbinden.

Mit der Zeit wuchs ich in eine neue Wirklichkeit hinein, die nicht mehr aus allumfassendem Schmerz bestand. Dank meines vitalen Ichs gewann ich die Hoffnung und den Glauben an meine eigene Stimme zurück.

Als ich jung war, wusste sich dieser Teil von mir noch gar nicht zu äußern. Er wusste nicht, dass ich einen Verlust erfahren und dann mit stärkerem Geist, Herzen und stärkerer Stimme ins Leben zurückkehren würde. Doch genau so kam es.

Mein vitales Ich war erstaunt, dass ich mich wieder auf es zurückbesann. Dabei stellte sich heraus, dass ich jetzt und heute eine viel bessere Verwendung dafür habe als je zuvor. Es half mir, dort anzukommen, wo ich jetzt stehe.

Ihr vitales Ich wird Sie ebenfalls in Ihr neues Leben führen.

Ich kann die Brücke in die Zukunft am Horizont erkennen, sie wartet auf Sie. Sehen Sie sie auch?

Flaschenpost

Ich habe vierzig Jahre gebraucht, bis ich entdeckte, was es bedeutet, in Fluss zu sein, wie schön es sein kann, unbeschwert zu leben, und wie wunderbar, unter der Dusche zu singen oder alles ein wenig langsamer zu machen oder grundlos zu lächeln.

Die Trauer raubt dir die Leichtigkeit des Lebens. Du vergisst, dass es auch leicht sein kann.

Es kann leicht sein zu leben.

Du vergisst, dass es dein Geburtsrecht ist, dich lebendig zu fühlen.

Und ich will ganz ehrlich sein: Ich habe mich selbst erst vor kurzem daran erinnert.

Kannst du dich erinnern, wie leicht das Leben ist, wenn aus heiterem Himmel etwas Schönes passiert, wenn du zur rechten Zeit am rechten Ort bist, wenn sich alles einfach so fügt, ohne dass du dich lange bemühen, kämpfen oder gar Berge versetzen musst? Entspannt gehst du mit dem Leben, bist du im Fluss.

Kannst du dir das vorstellen?

Erinnerst du dich an eine Zeit in deinem Leben, als alles einfach war?

Lass uns zusammen dorthin gehen. Lass uns dein früheres Selbst aufsuchen, auf dass wir uns daran erinnern, wie es war, sich in die Welt zu verlieben, einfach so.

Wie es war, in der Küche zu stehen und laut loszulachen.

Wie es war zu spielen.

Denn dazu bist du geboren, liebes Kind.

Du bist geboren dazu, einfach so unter der Dusche zu singen.

Du bist geboren dazu, große Träume zu haben und entsprechend zu handeln.

Aber du hast vergessen, dass es Teil deiner DNS ist, dass es Teil des Menschseins ist, so unbeschwert zu leben.

Wie kommen wir dort jetzt hin – dorthin, mit dem Leben im Fluss zu sein, fort von da, wo wir meinen, Berge versetzen zu müssen?

Ich muss zugeben, es ist nicht so leicht, wie es sein sollte.

Ich sehe das so: Die einzige Möglichkeit, wieder in den Fluss des Lebens zu gelangen, besteht darin, nicht mehr dagegen angehen zu wollen.
Mit dem Kopf nicht mehr durch die Wand zu wollen.
Andere nicht mehr verändern zu wollen.
Die Vergangenheit loszulassen und in der Gegenwart anzukommen.
Die Zukunft nicht mehr für einen Bösewicht zu halten, dem du vor lauter Angst gar nicht begegnen möchtest.
Dir zu erlauben, in Tränen auszubrechen oder laut zu schreien.
Du selbst zu werden, weil du tust, was dein Herz begehrt.
Dann hat das Leben keine andere Wahl mehr, es muss noch einmal an deine Tür klopfen.
Es hat dich unter der Dusche singen hören.
Es hat deinen wunderschönen Körper mit dem Fluss schwimmen sehen.
Es ist durch deine Tränen deinem Herz begegnet.
Und es hat deine Liebe für die Menschen gespürt, die du beschlossen hast, bedingungslos zu lieben.
Das Leben hat sich wieder in dich verliebt.
Es versucht nicht mehr, mit dir zu ringen, es ist wieder bei dir eingezogen.
Wirst du mir den Gefallen tun und singen, wenn du heute unter der Dusche stehst?

Mit ganz viel Leichtigkeit grüßt dich
Christina

Kapitel 7

Neustarter-Übungsprogramm, fünfte Stufe: Rückkehr ins Leben

Du hast Unvorstellbares durchgemacht, daher kannst du das Unmögliche schaffen.

Das Portal zu einem neuen Leben ist ganz leicht zu öffnen.

Es lässt sich auf viele unterschiedliche Arten aktivieren. Ich habe bei Klienten erlebt, dass dies ganz plötzlich durch einen bestimmten Verbindungsschritt oder durch einen Trauercheck passierte. Das Gehirn formt sich entsprechend den Anforderungen des Lebens, das wir führen. Durch Verbindungsschritte, Achtsamkeitsübungen, Affirmationen und schöne Erlebnisse wird es Ihnen langsam, aber sicher gelingen, Ihr neues Selbst in all seinen Aspekten zu entdecken. Die Häufung der positiven Erfahrungen bewirkt, dass sich das Portal zu Ihrem neuen Leben öffnet. Und dann werden Sie wieder lachen, leben und lieben können.

Zuerst werden Ihnen die Schritte in Ihr neues Leben vielleicht bedeutungslos erscheinen. Ich darf Ihnen jedoch versichern, dass dies nicht stimmt. Sie stellen wichtige Lerngelegenheiten dar. Wenn Ihnen eine neue Idee kommt, Sie ein neues Gefühl oder eine neue Kraft erfahren, die Sie motiviert, wird Ihr Gehirn sein Möglichstes tun, um sich an das Erfahrene anzupassen. Je mehr Sie Ihr

Gehirn also mit Leben nähren, desto mehr wird es in Ihrem Alltag Öffnungen zu Ihrem neuen Leben einbauen.

Als mein Gehirn mitbekam, wie ich meiner Weihnachtspost hinterherrannte und wie wichtig diese Aktion für mich war, passte es sich an und bot mir weitere Gelegenheiten, die Kontrolle über mein Leben zurückzugewinnen. An jenem Tag wurde eine Gehirnkarte aktiviert, die ich heute als Karte der Belastbarkeit und des Durchhaltevermögens bezeichne. Diese Gehirnkarte war nicht völlig neu. Sie hatte sich in den Jahren entwickelt, in denen ich um das Leben meines Mannes kämpfte. Neu war jedoch die Anwendung meines Durchhaltevermögens beim Kampf um mein eigenes Leben. Mein Gehirn zeigte sich zunehmend in der Lage, in meinem Verstand zu finden, was es brauchte. Es verwendete die vorhandenen Nervenbahnen, setzte die mentale Trauerkarte außer Kraft, die sich aufgrund meines Verlustes gebildet hatte, und schloss so das Tor zu meinem neuen Leben auf.

Manchen Menschen fällt es schwer, dieses Tor zu finden, für andere hingegen ist es fast schon ein Kinderspiel. Das hat mit den jeweiligen spezifischen Nervenbahnen zu tun. Ungeachtet des Schwierigkeitsgrads, ist jedoch jeder in der Lage, ins Leben zurückzukehren.

Auch Sie sind in der Lage dazu!

Ihr Gehirn muss sich den Weg suchen, mit dem es Sie aus dem Warteraum zwischen den beiden Leben herausholen kann. Sobald es den für Sie günstigsten Weg gefunden hat, wiederholt es ihn so oft, bis er ausreichend gekennzeichnet ist, so dass Sie ihn leicht begehen können. In dem Wissen, dass Sie sich bei Bedarf jederzeit wieder zurückziehen können, wird das Gehirn Ihnen dann immer längere Aufenthaltszeiten im realen Leben ermöglichen, bis die Rückkehr schließlich von Dauer ist.

Während dieses Prozesses gilt es zu bedenken, dass

nicht etwa das Leben Ihre Träume getötet hat. Das hat die Trauer getan. Und Ihr Gehirn. Die verlorene Hoffnung hat die Träume getötet, die Sie einmal hegten.

Über eines sollten Sie sich im Klaren sein: Sie dürfen nichts zurückhalten, wenn Sie die Reise zurück ins Leben antreten wollen. Sie müssen alles geben. Nur dann können Sie das Leben wiederfinden und die wildesten und aufregendsten, produktivsten und rundum tollsten Träume verwirklichen, die Ihnen Freude bereiten und Sie mit anderen Menschen verbinden.

Ich weiß, dass Sie Ihren Verlust jetzt schon ein bisschen anders sehen als zu Beginn der Lektüre dieses Buches. Ich weiß, dass Sie wieder angefangen haben zu träumen. Ihr nächster Schritt besteht nun darin, den Lebensfunken zu nähren, der in Ihnen glüht. Sie sind bereits mittendrin.

Ein Neuanfang sollte sich dynamisch und lebensbejahend anfühlen. Sie müssen sich deshalb mit ganzem Herzen und ganzer Seele der Gestaltung Ihres neuen Lebens widmen, selbst wenn die Angst Sie noch eine ganze Weile begleitet. Tanzen Sie mit ihr. Und widmen Sie sich zugleich leidenschaftlich Ihrem neuen Leben. Die Träume werden schließlich stärker sein als die Angst. Sie müssen sich darin üben, mehr an sich zu glauben als je zuvor. Denn das ebnet den Weg zurück ins Leben.

Hellen Sie sich die Welt auf. Treten Sie dem Monolog entgegen, der sich seit der Verlusterfahrung in Ihrem Kopf abspult. Hören Sie auf Ihre Leidenschaft und lassen Sie die Stimme der Angst leiser werden.

Stemmen Sie die Hände in die Hüften, stehen Sie aufrecht, blicken Sie der Angst ins Auge und zeigen Sie ihr, dass Sie sich für Ihre Träume entschieden haben.

Geben Sie Ihr altes Selbst frei, damit es seinen Platz in Ihren Erinnerungen findet und nicht in der Welt, die Sie heute bewohnen.

Stellen Sie höhere Ansprüche an Ihr Leben nach dem Verlust

In diesem Stadium des Neubeginns geht es darum, dass Sie sich Ihr Schicksal selbst gestalten und das Portal zum Leben durchschreiten. Ich werde Sie auffordern, sich ein Ziel zu setzen – und zwar ein großes Ziel. Etwas, das sich für den Menschen richtig anfühlt, als der Sie sich im Lauf dieses Prozesses schon ab und zu erkennen konnten. Ohne die verschiedenen Stadien des Neustarter-Übungsprogramms durchlaufen zu haben, wären Sie gar nicht in der Lage, sich größere Ziele zu setzen. Wenn Sie Ihrem vitalen Ich nicht begegnet wären, würde Ihr Überlebens-Ich alles für Sie planen. Und dieses Ich fühlt sich viel zu unwohl mit neuen Zielen, als dass es Ihnen große Sprünge erlauben würde. Jetzt aber hat sich Ihr vitales Ich eine Stimme verschafft. Sie haben es hervorgebracht, Sie sind ihm begegnet und haben erlebt, was es für Sie tun kann.

Es ist wichtig, dieses vitale Ich zu stärken, indem Sie täglich zumindest ein bisschen lachen, ein kleines Abenteuer riskieren und fröhlich sind. Dank der Arbeit, die Sie durch Ihre Verbindungsschritte geleistet haben, sind Sie mehr denn je in der Lage dazu. Ihr vitales Ich ist aufgewacht!

Haben Sie vielen Dank, dass Sie bis hierher gelesen und sich von mir haben unterstützen lassen, sich an Ihr wahres Wesen zu erinnern und mehr Zugang dazu zu finden. Ich glaube an Ihre Kraft und Kreativität. Sie brauchen keine Zweifel zu hegen: Sie können jederzeit für sich selbst einstehen.

Wenn Sie nur eines aus der Lektüre dieses Buches mitnähmen, dann würde ich mir wünschen, dass es die folgende Erkenntnis ist: Auch nach dem denkbar schlechtesten Tag können Sie am nächsten Morgen aufwachen und neu anfangen. Sie wissen, dass Sie alles Erforderliche haben, um wieder ins Leben zu starten. Egal was geschehen ist, Sie müssen sich nur die Chance geben, Kontakt mit sich aufzunehmen und Ihre Gedanken und Gefühle wahrzunehmen.

Sie gestalten Ihr Schicksal selbst.

Ich mache Sie hier nur auf eine uns allen angeborene Fähigkeit aufmerksam.

Und ich möchte Sie ermutigen, sich größere Träume zu erlauben. Trauen Sie sich, und das Leben wird Sie belohnen.

Ein neuer Traum

Rick Hanson und Richard Mendius, die beiden Autoren des Titels *Das Gehirn eines Buddha*, schreiben: »Achtsamkeit führt zu neuem Lernen – da Aufmerksamkeit neuronale Schaltkreise prägt – und sorgt dadurch, dass sie sich auf in der Vergangenheit Gelerntes stützt, für die Entwicklung eines stabileren und konzentrierteren Gewahrseins.«[12] Damit meinen sie, dass sich unsere wahre – kreative, auf Entwicklung ausgerichtete und liebende – Natur selbst nach einem katastrophalen Verlust wiederherstellen lässt, wenn wir ihr und unseren diesbezüglichen Gedanken und Gefühlen Aufmerksamkeit schenken. Das Gehirn ist von Natur aus formbar und sucht nach einer Balance. Außerdem möchte es lernen und wachsen. Ihr vitales Ich wartet nur darauf, dass Sie das Leben erkunden.

Deshalb meine ich, dass es nun an der Zeit ist für Sie, sich neue Ziele zu setzen, die dem ersehnten Leben wirklich angemessen sind. Ich weiß, dass Sie eigentlich wieder lachen und geliebt werden möchten, dass Sie auf der Suche nach Freude sind. Und dass Sie – ungeachtet der Vergangenheit – bekommen können, was Sie sich wünschen. Jetzt ist das Lachen nur noch ein klitzekleines Umdenken entfernt. Womöglich wartet die Liebe schon an der nächsten Ecke auf Sie, wenn Sie täglich eine kleine Aktion unternehmen, um sich mit dem Leben zu verbinden.

Wenn man sich in allen Facetten seines Selbst wiederentdeckt, ist das ein wunderbarer Prozess. Einen anderen Traum können wir jedoch erst durch unsere Rückkehr ins Leben träumen. Jetzt ist der richtige Moment gekommen, um sich ein paar neue Ziele für die Zukunft zu setzen.

Auf diesen Moment habe ich geduldig gewartet. Als Coach hätte ich Sie gern auf schnellstem Weg an diesen Punkt gebracht, aber ich wusste, dass Sie noch nicht bereit dazu waren. Jetzt sind Sie es.

Sie haben sich mit Ihrem gegenwärtigen Leben verbunden und gelernt, wie Sie Ihre Gedanken objektiv betrachten können. Sie haben herausgefunden, wie Sie Ihren endlos kreisenden negativen Gedanken Einhalt gebieten können. Sie haben begonnen, Ihr Augenmerk nicht mehr auf den Verlust, sondern auf das Leben zu lenken. Sie haben sich Ihr vitales Ich zurückerobert und damit angefangen, Ihr wahres Wesen zu erkunden. Dieses Ich hat Ihnen gezeigt, womit Sie sich lebendig fühlen können, was Ihnen Freude und Hoffnung macht und was Sie wieder strahlen lässt. Jetzt müssen Sie noch herausfinden, wie sich diese Aktivitäten und Ideen in Ihr neues Leben übertragen lassen..

Es gilt daher, den Neustart zu vollziehen und zu schauen, was Sie erwartet. Was ist Ihr großer Traum? Schreiben Sie in Ihr Notizbuch, wie Sie sich Ihr neues Leben vorstellen. Lassen Sie es so lebendig werden, wie irgend möglich. Malen Sie sich den Ort aus, an dem Sie sich aufhalten werden, beschreiben Sie, welchem Beruf Sie nachgehen, mit welchen Menschen Sie zu tun haben und mit was für Gefühlen Sie leben werden. Schreiben Sie alles auf, was zu Ihrem neuen, erfüllten Leben gehört. Ihren Vorstellungen sind keine Grenzen gesetzt. Trauen Sie sich. Denken Sie dran: Sie sind stark und kreativ.

Bestimmen Sie den ersten Schritt, mit dem Sie Ihren Traum verwirklichen wollen

Nachdem Sie sich ein Bild von dem neuen Leben gemacht haben, das Sie führen wollen, können Sie es nun zusätzlich stärken, indem Sie sich ein Ziel aufschreiben, für das Sie aktiv werden wollen. Nutzen Sie den folgenden Sechs-Schritte-Prozess, um das Ziel zu definieren und schriftlich festzuhalten.

Schritt 1: Fangen Sie mit einem kleinen Ziel an. Stellen Sie es sich wie den kleinen Bruder oder die kleine Schwester Ihres großen Traums vor. Dies ist der erste Schritt auf Ihrem Weg dorthin. Wenn Ihr Traum zum Beispiel darin besteht, einen höheren Abschluss zu machen, dann könnte das kleine Ziel – also der erste Schritt in diese Richtung – sein, sich um einen Studienplatz zu bewerben. Sie könnten dieses Ziel »Bewerbungsschreiben« nennen. Würdigen Sie es als wichtigen Verbindungsschritt. Er ist aufwendiger und folgenschwerer als eine fünfprozentige Aktion.

Solche Ziele stellen die Schritte dar, die uns schließlich dorthin führen, wo wir tatsächlich sein wollen. Bei der Rückkehr ins Leben ist es überaus wichtig, ein Ziel vor Augen zu haben.

Schritt 2: Achten Sie darauf, Ihr Ziel präzise zu formulieren, damit in Ihrem Gehirn ein exaktes Bild davon entstehen kann, wie das erreichte Ziel einmal aussehen soll. Werden Sie sich in dem Moment am Strand aufhalten? Werden Sie in einem nagelneuen Zuhause sein? Werden Sie einen höheren Abschluss haben? Wie würde Ihr Leben aussehen, wenn Sie Ihr Ziel schon erreicht hätten? Beschreiben Sie Ihr Ziel von diesem Blickwinkel aus.

Schritt 3: Bilden Sie, nachdem Sie Ihr Ziel notiert haben, eine es stärkende Affirmation, wie etwa: »Im Herbst 2014 bekomme ich an meiner Traum-Uni einen Studienplatz.« Affirmationen müssen im Präsens formuliert werden, als würden sie jetzt gerade geschehen. Außerdem müssen sie einen konkreten Zeitpunkt enthalten, bis zu dem sie in Erfüllung gegangen sein werden.

Ob eine Affirmation kraftvoll ist, wissen Sie, wenn Sie eine emotionale Verbindung zu ihr spüren. Während Sie sie aussprechen, sollten die in ihr enthaltenen Worte und Bilder Sie mit Energie aufladen und glücklich machen.

Es ist wichtig, sich mental auf sein Ziel auszurichten und häufig daran zu denken. Wiederholen Sie daher Ihre Affirmation oftmals am Tag. Sprechen Sie sie morgens laut vor dem Spiegel aus, bevor Sie sich die Zähne putzen. Sprechen Sie sie im Fahrstuhl auf dem Weg ins Büro. Sprechen Sie sie im Auto, wenn Sie die Kinder von der Schule abholen. Sprechen Sie sie abends vor dem Einschlafen im Bett.

Schritt 4: Lernen Sie etwas Neues, das in Verbindung mit Ihrem Ziel steht. Erweitern Sie Ihr Wissen über Ihr Ziel, lesen Sie Bücher, recherchieren Sie und fragen Sie die entsprechenden Fachleute. Geben Sie Ihrem Ziel ein reales Fundament.

Schritt 5: Trainieren Sie Ihr Gehirn. Treten Sie in Kontakt mit Ihrem inneren Beobachter, sobald die Trauer sich meldet und Sie zurück in den Warteraum bugsieren will (wo weder Angst noch Risiken oder Gefahren lauern), und bitten Sie ihn um Rat. Ihr Beobachter weiß die Antwort, weshalb genau der Warteraum Sie jetzt ruft und was Sie dagegen tun können. Eine Möglichkeit wäre auch, wieder einmal einen Trauercheck vorzunehmen oder weitere Verbindungsschritte zu unternehmen, um die Verbindung zu Ihrem Ziel zu stärken.

Schritt 6: Freuen Sie sich nun darauf, dass Sie bald in Aktion treten können. Schreiben Sie genau auf, was Sie alles tun müssen, um Ihr Ziel zu erreichen. Immer wenn wir uns Ziele setzen, stellen wir plötzlich fest, dass sie aus mehr Aspekten bestehen, als wir dachten. Beim »Bewerbungsschreiben« müssen Sie zum Beispiel einen Lebenslauf verfassen, sich über etwaige Kosten informieren oder Referenzen einholen und so weiter. Während Sie sich Klarheit über die erforderlichen Aktionen verschaffen und diese nach und nach umsetzen, realisiert sich schon Ihr Ziel.

Die Formulierung eines Ziels ist eine Möglichkeit, den Warteraum zu verlassen und ganz sachte im Leben anzukommen. Im Verlauf dieser Übung, die einige Tage in Anspruch nehmen kann, sollten Sie gut für sich sorgen und sich genügend ausruhen. Wenn man beginnt, sich für ein neues Ziel zu engagieren, kann es nämlich durchaus vorkommen, dass einem das Gehirn oder auch der Körper das eine oder andere Hindernis in den Weg legt.

In dem Augenblick, in dem Sie Ihr Ziel bestimmen, könnten Sie sich abgeschlagen fühlen, Kopfschmerzen bekommen oder plötzlich nervös und fahrig werden. Bleiben Sie dran, egal was passiert. Nutzen Sie die im

Neustarter-Übungsprogramm gewonnenen Fähigkeiten, um Ihrer Angst und Ihren Zweifeln entgegenzutreten. Vergessen Sie nicht, dass Sie einen schweren Verlust überlebt haben. Ihr Gehirn redet Ihnen zwar Angst ein, aber Sie wissen es besser. Nutzen Sie Ihre konzentrierte Aufmerksamkeit. Beobachten Sie Ihre Gedanken. Schreiben Sie. Führen Sie Tagebuch. Und werden Sie dann wieder aktiv, um sich Ihrem Ziel anzunähern.

Meine Rückkehr ins Leben

Ich hatte drei ganze Jahre im Warteraum verbracht, bevor ich voll und ganz ins Leben zurückkehrte. Meine Stunde der Wahrheit schlug, als ich feststellte, dass sich alles, was ich tat, irgendwie falsch anfühlte, obwohl ich auf andere den Eindruck machte, als liefe bei mir alles rund. Ich hasste meine Arbeit. Jeden Morgen graute es mir davor, ins Büro zu gehen. Dabei hatte ich so hart dafür gearbeitet, diesen Posten zu bekommen, dass ich dachte, meine Kündigung und eine Rückkehr zu meiner Tätigkeit als Trauerberaterin wären die reinste Kapitulationserklärung. Hatte ich die drei Jahre für nichts und wieder nichts vergeudet?

Meine Angst durchdrang meine beruflichen Entscheidungen. Sie redete mir ein, ich könne es mir nicht leisten, meine Stelle zu kündigen: »Du bist für deine Kinder verantwortlich. Es wäre unverantwortlich zu kündigen. Woher willst du wissen, ob du Erfolg haben wirst? Woher willst du wissen, ob du es schaffst? Hier hast du dich wenigstens schon bewiesen.«

Plötzlich begriff ich, dass ich mir selbst im Weg stand. Niemand anderer als ich selbst hinderte mich daran zu tun, was ich wirklich liebte.

Obwohl ich Angst hatte, mich neu zu definieren, beschloss ich, meine Stelle aufzugeben und mir meinen Traum zu erfüllen – anderen Menschen mit einer Verlusterfahrung zu einem Neustart ins Leben zu verhelfen. Ich musste all meinen Mut aufbringen, um zu meiner Chefin zu gehen und ihr zu sagen: »In zwei Wochen ist mein letzter Arbeitstag.« Mein Herz raste schon allein bei der Vorstellung davon, denn während der Trauerzeit hatte mir die Arbeit in diesem Büro sehr viel Stabilität gegeben. Was mich nun dort hielt, war mein Überlebens-Ich. Es redete mir ein, ich bräuchte die Sicherheit dieser Arbeit, um glücklich sein zu können. Ich schickte dieses Ich also in einen richtig langen Urlaub – und zwar nicht etwa auf eine Insel mit tollen Cocktails oder auf eine Kreuzfahrt. Ich musste ihm etwas zu tun geben. Jetzt ist es unterwegs und beschützt Millionen von trauernden Menschen. Die einzige Möglichkeit, meinen Verstand dazu zu bewegen, mein eigenes Sicherheitsnetz zu lockern, bestand darin, mein Überlebens-Ich anderen zur Verfügung zu stellen, die es nötiger hatten als ich.

Was würde nun aber auf mich zukommen, wenn ich meine Stelle aufgab? Womit würde ich mich als Nächstes identifizieren können? Ich kündigte, obwohl ich die Antworten nicht wusste. Mein vitales Ich war bereit, eine Weile die Führung zu übernehmen.

Zu diesem Zeitpunkt bestand mein eigenes Unternehmen – *Second Firsts* – nur aus diesen beiden Wörtern, die ich eines Abends nach dem Essen auf einem Zettel notiert hatte.

Aus gerade einmal zwei Wörtern.

Was macht man mit zwei Wörtern?

Nun, ich nahm sie und schrieb dazu meine Vision von einem Unternehmen und meiner Lebensaufgabe nieder. Langsam tat sich mir ein größeres Bild auf, eine neue

Welt von Lebensstartern entstand in meinem Kopf. Und schließlich kam der Tag, an dem meine Vision Wirklichkeit wurde. Nun war *Second Firsts* nicht mehr bloß ein Gedanke oder eine Idee, sondern etwas ganz Reales.

Danach kam ich mit jedem Schritt, den ich tat, der Betriebsfähigkeit meines Unternehmens näher. Ich eröffnete ein Bankkonto mit hundert Dollar Guthaben. Ich richtete mir eine E-Mail-Adresse und eine Telefonnummer ein, die ausschließlich für *Second Firsts* bestimmt waren. Und dann bekam ich eines Abends bei einer Dinnerparty die Frage gestellt: »Was machst du beruflich, Christina?« *Bingo!* Das war die Stunde der Wahrheit, der Moment, auf den ich seit Jahren gewartet hatte. Ich antwortete: »Ich unterstütze Menschen nach einer Verlusterfahrung bei ihrem Neuanfang.«

»Ach, wie schön«, lautete die lakonische Antwort. Der Mann, der mich angesprochen hatte, vollführte keine Luftsprünge vor Begeisterung. Er bemerkte nicht, wie mein Gesicht die Farbe wechselte. Er unterhielt sich einfach weiter. Aber nun war es heraus: Ich war die Gründerin und Chefin von *Second Firsts,* einfach so. Mein Unternehmen war Wirklichkeit geworden.

Vielleicht fragen Sie sich ja, ob dies der Moment war, in dem ich ins Leben zurückkehrte. Nein, das war er nicht. Aber in einer Hinsicht hatte ich mich bereits verändert: Ich hatte angefangen zu glauben, dass sich mein Leben verwandeln konnte. Ich wusste, dass es möglich war, einen Neuanfang zu erleben. Und obgleich ich den Weg zurück ins Leben noch suchte, war ich doch nach der Gründung meiner Firma schon ein ganzes Stück weitergekommen.

Ich stürzte mich in die Arbeit. Nachdem ich meine feste Stelle aufgegeben hatte, musste ich mich nun daranmachen, meine Dienstleistung als Trauerbegleiterin zu verkaufen. Ich erinnere mich noch an meinen ersten zahlenden Kunden. Den Scheck hätte ich am liebsten eingerahmt, und so bewunderte ich ihn erst einmal eine ganze Woche lang zu Hause, bevor ich ihn einlöste.

Trotz der ersten Erfolge fühlte es sich für mich noch sehr brenzlig an, mein eigenes Unternehmen zu führen. Daher zog ich mich in regelmäßigen Abständen in meine Trauerwelt zurück. Ich musste erst lernen, mir und meinem neuen Selbst zu vertrauen, um in meinem neuen Leben bleiben zu können.

Ich erinnere mich auch noch an meine ersten Dates mit Eric. »Eingefroren« ist vermutlich das treffendste Wort, um meinen damaligen Zustand zu beschreiben. Wenn wir uns trafen, saß ich die erste Stunde immer völlig erstarrt und wie gelähmt da und hielt so viel Abstand von ihm wie nur möglich. Dabei war ich sehr still und in ständiger Fluchtbereitschaft.

War ich wirklich auf dem Weg zurück ins Leben? Ja und nein. Mein Gehirn sendete mir gemischte Signale. Mein erster Impuls bestand darin wegzulaufen, der zweite nicht minder starke Impuls war die Hoffnung auf ein neues Leben und der Glaube daran, dass aus dieser neuen Beziehung etwas richtig Gutes werden würde.

Ich wollte meinen emotionalen Warteraum unbedingt verlassen, hatte zugleich aber auch schreckliche Angst davor. »Und wenn ich noch einmal einen schlimmen Verlust erleben würde? Und wenn mich dieser Mensch verletzte?« Hinzu kamen natürlich Schuldgefühle, die mir einredeten, ich würde meinen Mann und meine Kinder betrügen, wenn ich mich neu verliebte.

In diesen ersten Monaten habe ich sicher sehr stark, furchtlos und hart auf Eric gewirkt. Hinter dieser Fassade jedoch fühlte ich mich sehr verletzlich. Ich muss gestehen, dass ich dabei war, mich Hals über Kopf in meinen künftigen Mann zu verlieben. Ich war tatsächlich auf dem

Weg zurück ins Leben. Und obwohl ich ständig Angst hatte, vermochten mich keine Hindernisse auszubremsen.

Ein Teil von mir wollte Eric am liebsten sofort heiraten und das Haus mit noch mehr Kindern füllen, einen Hund anschaffen und den Garten mit einem weißen Lattenzaun umgeben. Mein vitales Ich sagte mir, dass es Zeit für mich sei, mich wieder zu verlieben, und dass ich bereit dazu sei. Es sagte: »Lass die Erfahrung zu.« Ein anderer Teil von mir dagegen wollte ständig und immerzu davonlaufen. Das gramerfüllte Überlebens-Ich in mir war noch nicht so weit. Ich musste das Tempo drosseln und die gegensätzlichen Bedürfnisse dieser Anteile in mir ausgleichen, damit ich als Ganzes ins Leben zurückkehren konnte.

Ins Leben!

Als ich dann eines Tages wieder im Leben ankam, durchzuckte es mich wie ein elektrischer Schlag. Durch den Filter der Trauer war mein Leben so gedämpft gewesen, dass es nun regelrecht vibrierte. Als ich mich selbst wiederentdeckte, war ich eine andere Frau. Ich hatte zwar noch Angst, aber diese Angst hinderte mich nicht mehr daran, die Dinge zu machen, die ich tun wollte. Seitdem ich Tag für Tag ohne innere Widerstände leben konnte, wusste ich, dass ich den Warteraum endgültig verlassen hatte und in der ersehnten Zukunft angekommen war.

Eine absolute Überraschung ist für mich allerdings die Tatsache, wie sehr sich meine Ehe mit Eric von meiner ersten Ehe unterscheidet. Ich bin anders, liebe anders, wünsche mir etwas anderes von meinem Partner und zeige mich anders. Meine erste Ehe war wunderbar. Meine zweite ist es auch. Und doch sind sie völlig unterschiedlich.

Die größte Veränderung besteht in meiner Dankbarkeit. Ich danke dem Universum für das Leben, das ich jetzt leben darf. Dankbarkeit ist ein großer Bestandteil meines inneren Dialogs und meiner Gedanken. Sie prägt meine Überzeugungen. Ich habe das Schlimmste erlebt und weiß jetzt, dass das, was ich in meinem Leben habe, gut und wunderbar ist.

In regelmäßigen Abständen meldet sich mein Überlebens-Ich und erschreckt mich mit Sätzen wie: »Und wenn du wieder alles verlierst? Wirst du genug Geld haben, um wieder auf die Beine zu kommen? Wie willst du dein Herz heilen, falls du Eric eines Tages verlieren solltest?« Aber für solche Gelegenheiten habe ich jede Menge Antworten parat.

Schließlich bin ich doch das vitale Ich.

Die Selbststeuerung meines Gehirns ist heute auf Furchtlosigkeit eingestellt. Meine Angstzentren aktivieren sich zwar regelmäßig, aber längst nicht so häufig wie früher. Meine Überzeugungen sind so anders, dass nicht mehr ständig die Alarmglocken läuten, die mein Überlebens-Ich auf den Plan rufen, damit ich mich in Sicherheit bringe. Ich lebe mein neues Leben voll und ganz, jenseits des Warteraums. Oder nein, so ganz stimmt das wohl doch nicht. Ab und zu ziehe ich mich noch dorthin zurück, um mich ein wenig auszuruhen. Was Sie natürlich auch jederzeit tun können. Achten Sie aber darauf, es sich dort nicht allzu bequem zu machen.

Versprochen?

In diesem Buch war bislang immer wieder die Rede davon, die Entwicklung des Gehirns zu fördern. Sie sollten sich jedoch bewusst machen, dass auch Ihr Herz sich durch die Verlusterfahrung auf eine Weise zu entwickeln vermochte, wie es sonst nie möglich gewesen wäre. Aufgrund der erfahrenen Traurigkeit haben Sie mehr Tiefe gewonnen, um auch Freude empfinden zu können. Aufgrund der vergossenen Tränen haben Sie das nötige Mitgefühl und Feingefühl gewonnen, um anderen Menschen mit gebrochenem Herzen beizustehen.

In der Phase der Rückkehr ins Leben lernen Sie loszulassen und durchzuhalten. Sie lernen, zuerst zu wachsen und dann wieder ein paar Schritte zurück zu tun. Die Fähigkeit, sich abwechselnd ins Leben hineinbegeben und wieder daraus zurückziehen zu können, ist ein wichtiger Bestandteil des Heilungsprozesses.

Falls Sie bereits stufenweise an Ihrer Rückkehr ins Leben gearbeitet haben, wissen Sie vielleicht auch schon, wie hilfreich es dem eigenen Wachstum ist, sich bewusst in eine liebevolle Umgebung zu begeben und dort über die eigenen Träume zu sprechen. Und die Erfahrung lehrt Sie, dass Sie hingegen wieder mitten in Ihrem Trauerdrama landen, wenn Sie Zeit mit kritischen und entmutigenden Menschen verbringen und womöglich auch noch von Ihrer Verlusterfahrung reden. Die tägliche Achtsamkeit bezüglich Ihrer Taten und Worte wird Sie schließlich an eine Wegkreuzung führen, hinter der Sie nicht mehr in die Trauer zurückverfallen.

Das ist dann das Zeichen, dass der Übergang ins neue Leben geglückt ist.

Lisas Rückkehr ins Leben

Sie bemerkte es nicht gleich. Sie bemerkte nicht, wie ihr an jenem Tag der Lebenswind durchs Haar wehte. Sie war so daran gewöhnt, den Herausforderungen des Tages die Stirn zu bieten, dass sie gar nicht wahrnahm, wie der Widerstand, mit dem sie so lange gerungen hatte, plötzlich verschwand. Sie war so daran gewöhnt, immer alles allein zu machen und kämpfen zu müssen, dass sie es gar nicht bemerkte, als die Schwierigkeiten sich aufgelöst hatten. Lisa, eine meiner ersten Klientinnen, konnte nicht wissen, dass sie ins Leben zurückgekehrt war, weil sie – seit ihrer Scheidung – Jahre im Warteraum verbracht hatte und die Vorstellung hegte, sie könne sich erst dann wieder lebendig fühlen, wenn sie sich verliebte. Ihre tatsächliche Rückkehr ins Leben hatte jedoch schließlich nichts mit einer neuen Partnerschaft zu tun – es war der Alltag, der sich plötzlich anders anfühlte: Alles war mit einem Mal im Fluss und ging ihr leicht von der Hand.

An dem Morgen, an dem sie das Tor zu ihrem neuen Leben durchschritten hatte, rief Lisa mich an und erzählte mir, dass alles, wonach sie sich je gesehnt habe, plötzlich auf einmal passiert sei und dass es sich so leicht anfühle. Sie hatte gerade ein neues Haus gekauft. Für mich war dieses Gefühl von ihr ein Zeichen für ihr hundertprozentiges Eintauchen ins Leben. Während unseres Gesprächs überlegte sie staunend: »Wie ist es möglich, dass plötzlich so schnell so viel Gutes passiert und ich so wenig dazu tun muss?«

In Wahrheit ereignete sich Lisas Rückkehr ins Leben nicht genau zu dem Zeitpunkt, als all diese positiven Ereignisse eintraten. Sie waren das Ergebnis der Beharrlichkeit, mit der sie über einen Zeitraum von etlichen Monaten mit zunehmender Intensität Verbindungsschritte unternommen hatte. Lisas Rückkehr hatte damit begonnen, dass sie von Tag zu Tag besser für sich selbst sorgte und sich in ihren Gesprächen mit Freunden und Familie nicht mehr auf ihren untreuen Ex-Mann, sondern auf ihre Bedürfnisse und Wünsche konzentrierte. Und dass sie sich irgendwann zum ersten Mal wieder allein einen Film angeschaut und dabei Spaß gehabt hatte.

Der endgültige Beweis für Lisas dauerhafte Rückkehr ins Leben als neuer Mensch war für mich die Tatsache, dass sie sich anders ausdrückte. Jetzt sagte sie in unseren

Coaching-Sitzungen nicht mehr: »Ich weiß überhaupt nicht, wie ich weitermachen soll.« Oder: »Mein Zuhause ist dort, wo ich mit ihm zusammengelebt habe.« Sie sagte: »Ich sehe, wie es besser werden kann.« Und: »Ich will dieses alte Haus möglichst schnell verkaufen und irgendwo hinziehen, wo ich mehr Raum zum Atmen habe.«

Ich hatte mir während der Arbeit mit Lisa notiert, wie sich ihre Ausdrucksweise veränderte. Irgendwann teilte ich ihr dann meine Beobachtungen mit, damit sie selbst Zeugin ihrer Verwandlung werden konnte. Jemand, der einen traumatischen Verlust durchlitten hat, muss seine Rückkehr ins Leben bewusst erleben, um wieder Hoffnung zu schöpfen und zum Glauben zurückzufinden, dass Sicherheit und Stabilität möglich sind.

Damit das Gehirn die neuen neuronalen Netze, die es ausgebildet hat, wiedererkennt, müssen die entsprechenden Gedanken und Aktionen etliche Wochen lang, wenn nicht gar monate- oder jahrelang wiederholt werden. Erst dadurch können sich die Verbindungen zwischen den Hirnzellen bilden und stärken. Außerdem ist diese Wiederholung die Grundlage für die Entstehung der konzentrierten Aufmerksamkeit, also der Fähigkeit, die eigenen Gedanken zu beobachten.

Als ich Lisa anfangs ihre Rückkehr ins Leben aufzeigte, hatte sie immer ihre Zweifel und ließ die von mir angeführten Beweise nicht gelten. Zum Glück hinderte sie das in dem Stadium, in dem sie sich befand, aber nicht an weiteren Fortschritten. Sie war schon auf dem Weg, und ihre Identität justierte sich entsprechend den Umständen. An dem Tag, als sie sich dem Fluss des Lebens überließ, war sie dann endlich bereit und in der Lage, die Veränderungen auch selbst wahrzunehmen.

Immer wenn ich im Rahmen einer Gruppe mit dem Neustarter-Übungsprogramm arbeite, ist es ein erhebendes Gefühl zu beobachten, wie sich ein kollektiver Wandel bei den Teilnehmern vollzieht, da sie sich gegenseitig in ihren Fortschritten bestärken. Es bereitet mir ungeheure Freude, Gruppen Hilfestellung zu geben, ihre Sprache und ihr Denken zu verändern und für sich ganz unterschiedliche Aktionen in Angriff zu nehmen. Immer wieder habe ich die ungeheure Kreativität beobachten dürfen, die der Schritt zurück ins Leben in sich birgt. Viele Teilnehmer meines Programms gründen neue Unternehmen. Manche greifen einen Beruf wieder auf, den sie Jahre zuvor abgebrochen hatten. Alle beschäftigen sich mit ihrem Lebensziel und finden zu einem Selbstbild, das ohne ihre Verlusterfahrung nie möglich gewesen wäre.

Lisa kam zu Einzelsitzungen, durchlief aber denselben Prozess wie die Klienten in meinen Gruppen. In der frühen Phase des Prozesses begeisterte sie sich für einen Malkurs und malte die erstaunlichsten Landschaften und Stillleben. Die Idee, einfach aus Spaß an der Freude eine Kunstausstellung zu organisieren, gab ihr Hoffnung und stärkte ihr Selbstvertrauen. Ihre künstlerische Tätigkeit zwang ihr Gehirn, neue Nervenbahnen zu bilden, die zu ihrer neuen, überaus dynamischen Persönlichkeit passten. Da unser Gehirn vor allem von dem lernt, worauf wir unsere Aufmerksamkeit lenken, ist anzunehmen, dass Lisas Gehirn sich in just dem Moment umzuformen begann, als sie sich um sich, um ihre Fähigkeiten und um ihren Beruf kümmerte.

Lisa war sehr fleißig mit den Übungen, die ich ihr gab. Sie praktizierte Achtsamkeit. Jeden Abend nahm sie Kontakt zu ihrer Trauer auf und hielt in ihrem Tagebuch fest, was sie bewegte. Sie dachte über ihre Trauer und über die verschiedenen Dimensionen ihres Lebens nach. Sie praktizierte Verbindungsschritte, was dazu führte, dass sie neue Erfahrungen machte. Um aus dem Muster ihrer unglücklichen Ehe auszusteigen, verabredete sie sich gezielt mit Männern, die ganz anders waren als ihr Ex-Mann. Dank ihrer Achtsamkeitsübungen wurde sie sich ihres Verhaltens dann in solchem Umfang bewusst, dass sie sich von den alten, negativen Mustern befreien konnte.

In den Monaten des Übergangs durchlief Lisas Gehirn verschiedene Stadien, darunter auch Glück, Liebe und Freude, was sie schließlich an einen ganz neuen Ort führte – jenseits der Endlosschleife des Verlustes ihrer früheren Identität als verheiratete Frau. Ihr Gehirn schaffte es, neue Nervenbahnen zu bilden, die sich stabilisierten und dann die alten – nicht mehr dienlichen – neuronalen Netze überschrieben. Die alten Nervenbahnen ließ Lisa einschlafen, sie schenkte ihnen einfach keine Beachtung mehr. Sie konditionierte ihr Gehirn, indem sie sich für ihre Schritte ins Leben und nicht mehr für die Trauer belohnte. Die Tatsache, dass sie für sich selbst und ihre Aktivitäten Liebe aufbrachte, führte dazu, dass Menschen in ihr Leben traten, die sie unterstützten und die Ziele bewunderten, die sie sich setzte. Sie gab ihre Arbeit auf und begann etwas ganz Neues in einer Umgebung, die sie dazu ermutigte, kreativ zu sein.

Am Ende ihrer Ehe hatte Lisa vergessen, wer sie war, und aufgrund ihrer Trauer hatte sie auch den Bezug zu ihren Herzenswünschen verloren. Mit der Integration all der oben beschriebenen Elemente in ihr Gehirn lernte Lisa, welche ihrer Nervenbahnen am besten dazu geeignet waren, sie wieder sie selbst werden zu lassen.

Die Tür zu Ihrer Rückkehr

Zu Beginn dieses Kapitels haben Sie sich einen neuen Lebensplan erstellt und sich dazu ein paar Ziele gesetzt, die Ihnen auf dem Weg dorthin hilfreich sind. Jetzt ist es Zeit für eine sehr intensive Übung, die alles zusammenbringt, was Sie bisher gemacht haben. Es handelt sich um eine geführte Visualisierung, bei der Ihnen Ihr vitales Ich den Weg weist. Es wird Ihnen helfen, das Tor zu Ihrem neuen Leben zu öffnen und über die Schwelle zu treten.

Sie können diese Übung entweder allein machen oder sie sich von jemandem vorlesen lassen. Ob so oder so – freuen Sie sich auf Ihre Rückkehr.

Schließen Sie die Augen, machen Sie es sich bequem und atmen Sie ein und aus. Stellen Sie sich vor, dass Sie im Begriff sind zurückzukehren.

Visualisieren Sie vor sich eine Tür.

Wie sieht sie aus? Ist sie breit oder schmal?

Ist sie schwer oder leicht?

Ist sie weiß, braun oder welche andere Farbe hat sie?

Sehen Sie sie wirklich vor sich.

Es ist die Tür zu Ihrem neuen Leben – zu dem von Ihnen erwarteten Leben. Und dieses Leben hat während Ihres Aufenthalts im Warteraum auch auf Sie gewartet.

Stellen Sie sich nun vor, wie Sie die Hand auf die Türklinke legen. Spüren Sie wirklich die Klinke in der Hand. Halten Sie sie ganz fest.

Stoßen Sie jetzt die Tür auf und schauen Sie, was sich dahinter befindet.

Seien Sie sich bewusst, während Sie über die Schwelle treten, dass Ihr vitales Ich Sie führt. Es hält Sie an der Hand und tritt mit Ihnen zusammen über die Schwelle.

Auch Ihr Beobachter ist wie immer bei Ihnen und registriert jede Ihrer Bewegungen.

Ihr Überlebens-Ich hingegen bleibt zurück. Es kennt seinen Platz und verbleibt im Warteraum für den Fall, dass Sie wieder einmal seine Hilfe benötigen.

Erinnern Sie sich, wie Sie sich Ihr ideales Leben vorgestellt haben. Jetzt liegt es direkt vor Ihnen.

Schauen Sie sich um in Ihrem neuen Leben. Können Sie sehen, was sich jenseits der Schwelle befindet?

Ist es leicht und hell, fühlt es sich gemütlich und bequem an?

Sehen Sie ein Meer oder Berge?

Sehen Sie sich selbst. Beobachten Sie, was Sie tun.

Was genau tun Sie?

Wie sind Sie angezogen?

Was für eine Frisur haben Sie?

Stehen Sie oder sitzen Sie?

Sind Sie entspannt?

Was befindet sich vor Ihnen?

Was sehen Sie von Ihrem neuen Leben vor sich?

Wer ist bei Ihnen? Wie sehen diese Menschen aus, und was tun sie?

Welchen kreativen Traum erfüllen Sie sich gerade?

Welche Mittel stehen Ihnen zur Verfügung, um ihn zu verwirklichen?

Sie haben Hilfe. Sie sind nicht allein. Wer hilft Ihnen dabei, diesen Traum in Erfüllung gehen zu lassen?

Welche Verbindungsschritte haben Sie bereits unternommen, die dieses Ziel ermöglichen?

Beobachten Sie, wie es ist, das Ziel erreicht zu haben.

Jetzt können Sie jemanden erkennen, der Sie liebt und gern hat. Sehen Sie diesen Menschen neben sich? Erlauben Sie sich – falls er noch nicht in Ihr Leben getreten sein sollte –, sich jemanden vorzustellen und unmittelbar vor sich zu sehen. Welches sind seine Besonderheiten? Wie sieht er aus?

Lassen Sie Ihr Gehirn ein neues neuronales Netz bilden, bei dem Ihr vitales Ich das Sagen hat. Es möchte Ihnen Liebe und Hoffnung und die neue Beziehung verschaffen, die Sie ganz einfach verdient haben, weil Sie Sie sind.

In diesem neuen Leben ist Ihnen klar, wo es langgeht, und Sie sind bereit, Risiken einzugehen, denn Sie wissen, dass Sie das Schlimmste überlebt und den Weg auf die andere Seite geschafft haben. Sie sind anders als in der Vergangenheit: stärker, besser und klüger. Sie haben viele Qualitäten, auf die Sie bauen können.

Falls Sie irgendwelche Zweifel hegen sollten, gehören sie zum Überlebens-Ich, das vor der Tür stehen geblieben ist. Horchen Sie, wie weit weg diese Zweifel jetzt sind. Solche Ideen hat das vitale Ich nicht.

Hören Sie dem vitalen Ich zu, wie es in diesem Augenblick zu Ihnen spricht und Ihnen sagt, dass Sie es schaffen können.

Du bist mehr als bereit.
Du bist schon lange bereit.
Das ist jetzt deine Chance. Deine Zeit ist gekommen.
In diesem neuen Leben bist du bereit, deine Träume wahr werden zu lassen. Du bist bereit dazu, wieder zu leben, zu lachen und zu lieben – und zwar aus dem Vollen!
Du solltest dich nicht um das kümmern, was andere denken oder sagen. Sie sind nicht auf deinen Trauerspuren gewandert. Sie wissen nicht, was du durchgemacht hast. Sie können es gar nicht wissen, also erwarte es auch nicht von ihnen.

Ihr vitales Ich hat das Sagen und weiß, dass Sie mit Ihrer neuen Rückkehr-Gehirnkarte kreativ sein können.

Denken Sie an Ihr neues Ziel, an Ihren Traum.

Manchmal mischen sich, wenn wir uns gerade ein neues Ziel zu setzen versuchen, Schuldgefühle ein, die uns weismachen wollen, wir seien es nicht wert. Die Trauer sagt: »Und was ist mit mir?« Es ist daher sinnvoll, Schuld und Trauer eine besondere Bleibe zur Verfügung zu stellen.

Schauen Sie nach links, dort sehen Sie einen wunderschönen Pfad, der zu einem kleinen Haus führt. Platzieren Sie dieses Haus genau dort, wo es für Sie stimmig ist. Hier werden von nun an Ihre Schuld und Ihre Trauer leben. Mit Ihrer Erlaubnis dürfen sie Sie besuchen kommen. Auch Sie können dem Haus jederzeit einen Besuch abstatten, wohl wissend, dass Sie den Weg zurück in Ihr neues Leben immer mit Leichtigkeit finden werden. Sie brauchen keine Angst zu haben. Sie können jederzeit in Ihr neues Leben zurückkehren.

Lassen Sie nun die Schuldgefühle und die Trauer in dem Haus zurück und folgen Sie der Spur in Ihr Traumleben.

Sprechen Sie Ihr neues Ziel mehrmals laut aus, bevor Sie die Visualisierungsübung abschließen: »Ich bin dabei, ... *(Setzen Sie hier Ihren Traum ein)* für mich zu erschaffen, weil ich es verdient habe und mein Leben voll und ganz leben möchte.«

Öffnen Sie die Augen, sobald Sie bereit dazu sind.

Die Rückkehr ins Leben ist ein Prozess – lassen Sie sich Zeit dabei

Es bietet sich Ihnen jetzt die großartige Chance, sich das Leben so zu gestalten, wie es Ihnen gefällt. Sie können sich, wenn Sie wollen, Teile von Ihrem Leben zurückholen, die Sie irgendwann einmal links liegen gelassen haben. Sie können eine Fülle von Ideen ausprobieren, die Ihnen interessant erscheinen. Gehen Sie auf Wanderschaft, gehen Sie auf Forschungsreise. Seien Sie neugierig. Spielen Sie. Folgen Sie Ihrem Bauchgefühl und Ihren Impulsen. Sie können nichts verkehrt machen. Ihr Leben wird all das sein, was Sie daraus machen. Nicht mehr und nicht weniger.

Seit ich das Verhalten Tausender Lebensstarter beobachten durfte, ist mir klar, dass ein und dieselbe Art von Verlusterfahrung von jedem anders verarbeitet wird. Vielleicht benötigen Sie eine Therapie, bevor Sie im Sinne des hier beschriebenen Neustarts wieder aktiv werden können. Ihre emotionalen Bedürfnisse hängen von Ihrer Geschichte, Ihrer Persönlichkeit und auch davon ab, wie lang Ihr Verlust zurückliegt. Sobald Sie jedoch Ihre Trauer verarbeitet haben, ist das Gehirn bereit für die Rückkehr ins Leben. Als Lebensstarter können Sie diese Stufe im Neustarter-Übungsprogramm als Startrampe nutzen, um Ihr brandneues Leben in Gang zu setzen. Die Tür wird sich öffnen, sobald Sie bereit dazu sind.

Zurückkehren bedeutet nicht, dass wir unseren Schmerz oder die Menschen vergessen, die wir einmal geliebt haben.

Es bedeutet einfach nur, dass wir uns daran erinnern, wie wir leben können.

Flaschenpost

Ich habe andere Menschen immer für besser gehalten als mich selbst. Ich glaubte, sie wüssten mehr als ich, sie wären schlauer, seien cooler, hätten einfach mehr drauf.
In den letzten paar Jahren habe ich etwas gelernt, das mich selbst überrascht hat.
All das stimmte gar nicht.
In Wahrheit bin ich eine tolle Frau.
Sehr klug.
Extrem schnell.
Und ich habe ein verdammt großes Herz.
Ich begann mich zum ersten Mal so zu sehen, wie ich wirklich war: eine echte Kriegerin und ein großartiger Mensch, der eine ganz besondere Reise vor sich hatte.
Und damit kam wieder Bewegung in mein Leben.
Meine Träume begannen sich zu materialisieren.
Die Liebe kehrte zu mir zurück.
Zu arbeiten war schlichtweg himmlisch für mich.
Und am Ende lernte ich, dass niemand besser ist als ich.
Ich hatte mich einfach aus dem Blickwinkel der Schwäche und der Verwirrung gesehen.
Ich schreibe das hier, weil ich weiß, dass es eine Menge Leute gibt, die genau dort sind, wo ich selbst damals war.
Ich möchte, dass du eines weißt: Du bist toller als in deinen gewagtesten Träumen.
Niemand könnte tun, wozu du hier bist.
Falls einmal jemand auf dich herabschaut, schau hinauf zu den Sternen, denn dort bist du zu Hause.
Wenn du dich selbst als minderwertig wahrnimmst, dann mach dir bewusst, dass du mehr bist, als du siehst, und mehr, als du weißt.
Du musst der leisen Stimme des vitalen Ichs Vertrauen schenken, die dir sagt, dass du zu mehr bestimmt bist.

Glaub ihr.
Diese Stimme kommt direkt aus deiner Seele.
Sie spricht die Wahrheit.
Ich sehe dich.
Ich weiß, wer du bist.
Und nun musst du selbst anfangen zu sehen, was ich in dir sehe.
Dann wird die Welt sich verändern.
Für immer.

Mit Glauben und Vertrauen grüßt dich
Christina

Willkommen zurück!

Wenn wir leben wollen, ohne uns dafür entschuldigen zu müssen, geht es schlussendlich darum, stolz darauf zu sein, dass wir uns nach einer schrecklichen Verlusterfahrung lebendig fühlen. Es geht darum, dass wir unsere Schuldgefühle verabschieden können, denn jetzt sind wir bereit, in unser Leben zurückzukehren und überhaupt wieder zu leben. Es geht darum, aufrecht zu stehen, Vertrauen zu haben und unsere Wunden als Kennzeichen eines gelebten Lebens zu betrachten.

Sie sind wahrhaftig hier.

Sie haben es geschafft.

Sie haben Ihrer Trauer die Stirn geboten, haben sich mit dem Leben verbunden, nach dem Sie sich sehnten, und sich im Zuge der Entdeckung Ihres neuen Selbst verändert. Sie haben den weiten Weg von Ihrem Verlust zu Ihrem neuen Leben zurückgelegt. Sie haben die Erfahrung gemacht, wie sich die Energie nach einem tragischen Ereignis oder gebrochenen Herzen neu entwickelt.

Ihr Verlust hat es Ihnen ermöglicht, Charakter, Gehirn und Persönlichkeit zu verändern. Dadurch haben sich auch Ihre Bedürfnisse, Träume, Sehnsüchte und Bestrebungen verändert. Jetzt können Sie Ihre Welt aus einer ganz neuen Perspektive und von einer höheren Warte der Selbsterkenntnis aus betrachten.

Ich bin der festen Überzeugung, dass eines Tages die ganze Welt Verlust als etwas begrüßen wird, das im Menschen ein Ungleichgewicht auslöst. Das alles und jeden in unserem Leben verändert – und zwar aller Wahrscheinlichkeit nach zum Besseren, sobald das Gleichgewicht wiederhergestellt ist. Es mag noch eine Weile dauern, bis die Welt sich dieser Idee öffnet. Auf alle Fälle hoffe ich aber, dass dieses Buch eine kleine Glaubenstür in Ihrem Geist aufgestoßen hat – einen Türspalt, durch den Sie den Weg zu einem Neuanfang finden können.

Ich heiße Sie willkommen im Land der Lebenden. Und wenn ich das tue, dann meine ich in gewisser Weise Ihr neues Selbst, diese neue Version von Ihnen, die noch nie hier gewesen ist. Sie haben gerade jemanden zur Welt gebracht, der es ohne die Erfahrung von Verlust und Schmerz nie so weit geschafft hätte. Dieses neue Selbst bezweifelt nicht mehr, dass Sie die Fähigkeit haben, sich das Leben so zu gestalten, wie Sie es führen möchten. Diese neue Version von Ihnen hört nicht auf irgendwelche Ängste. Dieses neue Selbst entschuldigt sich nicht für seine Fehler und Tränen oder auch für Erfolge und Freuden. Dieses neue Selbst ist bereit, den Sprung zu wagen und sich ein noch schöneres Leben zu schaffen als das Leben, das hinter Ihnen liegt.

Ich bin sicher, dass die Aktionen und Schritte, die Sie unternehmen, um wieder voll und ganz leben zu können, Ihnen mit der Zeit den Beweis liefern werden, den Sie für den Glauben an die eigene Heilung benötigen. Ich bin sicher, dass Ihre Startrampe Ihnen die Chancen bieten wird, die Sie nach einem solchen Verlust verdienen.

Vergessen Sie nie, wie wichtig es ist, an die Fähigkeit des Gehirns zu glauben, uns zurück in unser Leben zu führen.

Ja, zum Leben gehört auch seelischer Schmerz, das ist wohl wahr. Ich könnte nichts anderes behaupten. Und das Leben wird Ihnen, wenn Sie zurückgekehrt sind, das Herz vielleicht sogar erneut brechen. Es kann sein, dass es Ihnen ein zweites oder ein drittes oder gar viertes Mal bricht.

Aber schließlich vermag mit Hilfe des Lebens und Ihres Gehirns Ihr Herz auch wieder zu heilen. Denken Sie einfach daran, nach jedem Verlust den Neustarterprozess zu nutzen und eine neue Startrampe zu bauen.

Leider lässt bei einem gebrochenen Herzen die Heilung mitunter recht lange auf sich warten. Nicht etwa, weil es nicht anders ginge, sondern weil gebrochene Herzen für immer gebrochen bleiben können. Wie Sie inzwischen wissen, kann ein gebrochenes Herz durchaus zur Gewohnheit werden – und zwar immer dann, wenn wir uns nicht bewusst dafür entscheiden, die für eine Rückkehr ins Leben notwendigen Schritte zu unternehmen.

Nach Beendigung der Lektüre dieses Buches besteht durchaus die Gefahr, dass sich mit der Zeit wieder die alten Gewohnheiten im Gehirn einzuschleifen versuchen. Achten Sie also darauf, dass dies nicht geschieht. Ihr Herz kann sich nicht entwickeln, wenn Sie weiter auf diese Gewohnheiten bauen.

Es kann nicht teilhaben.

Es kann sich nicht einbringen.

Es kann nicht mitfühlen.

Es kann nicht aufrichtig lieben.

Es kann nicht vertrauen.

Ihre Seele kann nicht schöpferisch tätig sein, solange Sie gebrochen sind.

Wenn jemand lange mit einem gebrochenen Herzen herumgelaufen ist, kann er sich nicht vorstellen, dass er sich je wieder erholen oder ein neues Leben beginnen könnte. Er glaubt, er habe die Fähigkeit verloren zu heilen. Ich bin da, um Sie willkommen zu heißen, falls Sie solche Zweifel gehegt haben sollten, und um Sie daran zu erinnern, dass Sie jederzeit heilen und zu leben beginnen können. Nehmen Sie einfach Kontakt mit dem Leben auf und unternehmen Sie die notwendigen Verbindungsschritte.

Als mein Mann seinen letzten Atemzug tat, dachte ich, dass mein Herz nie wieder würde heilen können. Es war in zu viele Teile zerbrochen, als dass ich sie hätte aufsammeln und zusammensetzen können. Wie Sie gesehen haben, machte sich mein Herz dennoch auf die Suche nach seinen verlorenen Teilen, so dass es sich selbst heilen konnte. Dabei entdeckte ich eine neue Art und Weise, wie sich ein gebrochenes Herz heilen lässt.

Heilen bedeutet hier ganz konkret die Fähigkeit, ins Leben zurückzukehren, obwohl das Herz noch mitten im Heilungsprozess steckt. Heilen bedeutet nicht, dass das Herz so gut wie neu sein wird. Es kann nur einfach wieder schlagen …

Und lieben …

Und spielen …

Und handeln …

Und die Wahrheit sagen …

Und fühlen …

Und lachen.

Sobald es das alles kann, ist die Heilung geglückt.

Manche Facetten Ihres alten Lebens werden sich nicht mehr auffinden lassen. Sie haben sich im Universum zerstreut. Machen Sie sich jedoch keine Sorgen. Diese alten Facetten werden sich zwar nie wiederherstellen lassen, aber Ihr Herz wird neue Facetten ausbilden, die den verlorenen ähneln.

Diese neuen Facetten Ihres Herzens sind stärker und klüger.

Während ich Sie nun im Leben willkommen heiße, sollten Sie zugleich wissen, dass Ihr neues Selbst aus Ihrer Verlusterfahrung geboren ist. Als Ihnen das Herz brach, veränderte sich jede Zelle in Ihrem Körper. Ohne

Ihre Trauerzeit wäre der Fluss des Lebens nie durch Sie hindurchgeflossen, um Sie dorthin zu bringen, wo Sie jetzt sind. Ohne diese Zeit wären Sie nicht Sie.

Ja, mit dem Fluss des Lebens meine ich die Tränen – die Tränen, die Sie geweint haben. In dem Moment, als Sie sie fließen lassen konnten, haben sie Ihr Leben und Ihre Seele verwandelt, sie haben Ihr Schicksal verwandelt.

Diese Tränen mussten geweint werden, bevor Sie ins Leben zurückkehren und all das entdecken konnten, was Sie über sich selbst in Erfahrung gebracht haben. Dieser Tränenstrom kam am Anfang Ihrer Trauer zu Ihnen, um Sie von Ihrem Leid zu reinigen, um Sie zu stärken und Ihre Seele wachsen zu lassen.

Es besteht keine Notwendigkeit, dem Tränenstrom nach Ihrer Rückkehr irgendwie Einhalt zu gebieten. Sie sind ins Leben zurückgekehrt, selbst wenn die Tränen ab und an fließen. Sie sind hier und leben jenseits des Trauerschleiers, Sie sind bereit, das Leben anzugehen und es voll und ganz zu leben.

Herzlich willkommen.

Das Leben erwartet Sie schon.

Leben Sie es.

Anmerkungen

Die Wissenschaft der Trauerbewältigung

1 Jeffrey M. Schwartz, Sharon Begley: The Mind and the Brain: Neuroplasticity and the Power of Mental Force, ReganBooks, New York 2002.

2 Linda Graham: »Skillfull Ways to Deal with Stress and Trauma«, ursprünglich veröffentlicht in: Wise Brain Bulletin, Bd. 3.4 (2009). Webseite: http: lindagraham-mft.net.

3 C. S. Lewis: Über die Trauer, Insel Verlag, Frankfurt am Main 1999, S. 25.

4 Daniel J. Siegel: Wie wir werden, die wir sind: Neurobiologische Grundlagen subjektiven Erlebens und die Entwicklung des Menschen in Beziehung, Junfermann 2006, Übers. Theo Kierdorf, Hildegard Höhr, S. 235.

5 John Medina: Gehirn und Erfolg: 12 Regeln für Schule, Beruf und Alltag, Springer Spektrum 2009, Übers. Sebastian Vogel, S. 28.

6 Ebd., S. 28 f.

Neustarter-Übungsprogramm, erste Stufe: Bestandsaufnahme

7 David DiSalvo: What Makes Your Brain Happy and Why You Should Do the Opposite, Prometheus Books, Amherst 2011.

8 Daniel J. Siegel: Die Alchemie der Gefühle, Kailash Verlag, München 2010, S. 14.

9 Deepak Chopra, Rudolph E. Tanzi: Super-Brain. Angewandte Neurowissenschaften gegen Alzheimer, Depression, Übergewicht und Angst, Nymphenburger Verlag, München 2013.

Neustarter-Übungsprogramm, dritte Stufe: Wandel

10 Judith Horstman: The Scientific American Book of Love, Sex, and the Brain, Jossey-Bass, San Francisco 2011, S. 23.

Neustarter-Übungsprogramm, vierte Stufe: Auf Entdeckungsreise

11 Steven J. Siegel: »Mindfulness Training and Neural Integration: Differentiation of Distinct Streams of Awareness and the Cultivation of Well-Being«, in: Social Cognitive and Affective Neuroscience, Bd. 2, Nr. 4 (2007), S. 259–63.

Neustarter-Übungsprogramm, fünfte Stufe: Rückkehr ins Leben

12 Rick Hanson, Richard Mendius: Das Gehirn eines Buddha, Arbor Verlag, Freiburg 2010, S. 28.

Therèse Tappouni

Geschenke der Trauer

Ein heilsamer Weg aus Verlust
und seelischem Schmerz
Mit 16 geführten Meditationen

Jeder Mensch erlebt Verluste in seinem Leben – Trennungen und Todesfälle sind die häufigsten Verursacher großer seelischer Not. Doch als Betroffener müssen Sie nicht einfach ein hilfloses Opfer des Schmerzes sein. Die Trauerberaterin Therèse Tappouni führt Sie mit großer Kenntnis und Warmherzigkeit durch den Trauerprozess und hilft Ihnen, Ihren ganz individuellen Weg der Verarbeitung gehen zu können. Die 16 enthaltenen Meditationen unterstützen Sie dabei.

Lisa Freund

Das Unverwundbare

Wege der Heilung in Lebenskrisen

Den Zugang zu inneren Kraftquellen finden

Alles Leben unterliegt dem Wandel – Altes vergeht, Neues entsteht. Lisa Freund führt durch einen spannenden und kreativen Prozess im Umgang mit emotionalen Herausforderungen wie Abschied, Trennung und Verlust. Dabei verknüpft sie abendländische Tradition mit buddhistischer Weisheit. Aus ihrer langjährigen Erfahrung in der Begleitung von Menschen in Grenzsituationen weiß sie, dass jeder einen unverwundbaren Kern in sich trägt. Gerade in schwierigen Lebenslagen erweist sich dieser als unerschöpflicher Quell der Kraft und Heilung.

Eine CD mit Meditationen und Visualisierungen liegt dem Buch bei.

O.W. BARTH

Eduard Maass

Das Buch vom Abschied

Prominente Persönlichkeiten
über Sterben, Tod und Trauer

Mehr als 40 prominente Persönlichkeiten teilen ihre Gedanken zu den Themen Tod und Sterben: Sie berichten von den eigenen Erfahrungen mit Verlust oder geben ihre ganz persönlichen Trauererlebnisse wieder – berührende, nachdenkliche, aber auch heitere Beiträge u. a. von Norbert Blüm, Paulo Coelho, Anselm Grün, Inge Jens, Hans Küng, Jana Haas, Erika Pulhar, Gregor Gysi und Veronika Ferres.

KNAUR
MENSSANA